獻給

我的舅舅

劉金華先生

靈修著作精選

啟示錄的終末日常

The Everyday Life Revelation

李雋／著

最遙遠的異象
才是你我的家鄉

基道出版社

▼

靈修著作精選

啟示錄的終末日常

最遙遠的異象才是你我的家鄉

The Everyday Life Revelation

作者
李雋 Li, Chun

責任編輯
吳國雄

裝幀設計
奇文雲海 · 設計顧問

■

出版 / 發行
基道出版社
香港沙田火炭坳背灣街 26 號富騰工業中心 10 樓 1011 室
LOGOS PUBLISHERS
Unit 1011, 10/F, Fo Tan Ind. Centre, 26 Au Pui Wan St., Shatin, Hong Kong
電話：(852) 2687-0331　傳真：(852) 2687-0281
網址：https://www.logos.com.hk

承印
陽光 (彩美) 印刷有限公司

●

7/2023 初版
Cat. No. LP680
ISBN: 978-962-457-641-2

刷次	10	9	8	7	6	5	4	3	2	1
年份	2032	2031	2030	2029	2028	2027	2026	2025	2024	2023

目錄

作者序

如果新約聖經是一座大宅的話，遊人甫進大門所踏進的福音書，便有如宅前廣闊的院子，內涵豐富，引人入勝。緊接的使徒行傳，劇情緊湊，儼然像迎賓的大廳。至於保羅書信，就是各有特色的房間，由教義到牧養到實踐，各有特色，令人流連忘返。大公書信則是靠後方的偏廳，清新雅緻，閒坐其中，可以細聽使徒的循循善誘。走到最後，應該就是啟示錄這道金碧輝煌的大門，明知道推開大門就可以窺見大宅後的天地，但大門卻是沉甸甸的，門上更滿了各種意想不到的圖象，要找門把，怎麼找都找不著，總有不得其門而入之感。

啟示錄既是書信，也是先知的話，更是天啟文學，其中的意象和典故，錯綜複雜，既呼應亞細亞當時的局勢，又指涉希羅文化以及猶太傳統，今天信徒讀到各種異象比喻，難免感到詭譎難明，神學生著手研究，有時也感到不得其門而入。

過去三、四十年，有關啟示錄的研究可謂百花齊放，從背景到神學到應用，不同學者都給出過詳盡深入的剖析，雖然見解還是各有不同，但對啟示錄的理解總算不再流於猜想，叫人滋生重重疑竇，而是有好幾個方案可供斟酌。[1]

至於啟示錄的結構，不同學者也有各種設想，其中最簡單者莫過於以七為單位，將啟示錄分作數個段落，這也許可以作為讀者按圖索驥的起點：

1. Russell S. Morton, *Recent Research on Revelation* (Sheffield: Sheffield Phoenix Press, 2014).

引言	一1～8
七教會	一9～三22
七印	四1～八1
七號	八2～十一19
七段象徵	十二1～十四20
七碗	十五1～十六21
七段對巴比倫的審判	十七1～十八24
七個異象	十九1～二十一8
新天新地	二十一9～二十二5
尾聲	二十二6～21

既有這麼豐富的研究成果，信徒又是否可以從中得著亮光？本書是一次小小的嘗試，希望透過參照不同中文聖經譯本，對經文作出

扼要分析，再就當下的處境加以反思，試圖呈現啟示錄與我們的關係——以及揭示經文世界與現實世界的張力，打開踐行信仰的空間。閱讀不同譯本，讓我們可以脱離閱讀《和合本》先入為主的慣性。透過不同譯文的風貌欣賞古今譯本，讓各有千秋的譯文為經文提味，叫讀者嘗到啟示錄豐盈的層層信息，做到筆者前著書名所言的「譯有所得」。[2] 各章末附上反思及禱文，希望幫助讀者能「聽見又遵行」（啟一3）。

感謝香港神學院張天和院長的帶領和牧養，容讓我在教學之餘有空間寫作，在港神體會《尚書．虞書．皋陶謨》所説「同寅協恭和衷哉！」的美善。踏入聖經研究殿堂之初，有幸先後受教於黃根春教授及黃嘉樑教授，他們對聖經研究的委身和功力，窮我一生之力都只能瞠乎其後，能得到他們的推薦，實在是我的榮幸。姚紀星牧師及韓子卿牧師是我的良師益友，在事奉的漫長路途上常作我的明燈，感謝他

2.《譯有所得：細味加拉太書 40 天》（香港：明風，2020）。

們在百忙之中抽空賜言。

本書可以出版，實在靠賴基道的同工國雄和碧嘉，沒有他們的鼓勵和睿見，這本小書終究還是存在電腦的象牙塔中呢喃，惟經他們潤飾和校正，啟示錄的點滴終得以與今日的世界結連。

僅將此書獻給我的舅舅劉金華先生，他經歷過各種風浪，卻可以與自身的限制共存，始終以和平、寬容、堅毅的態度來面對風雨。人生的歷練沒有消磨他的意志，他一直堅定地掌舵，將驚濤駭浪淬鍊成從容和美善，成為我的榜樣。感謝他對晚輩的關懷和照顧，深願主的恩典、能力和福氣常在舅舅的身上。

區區小書實不足以完全開啟這道金碧輝煌的大門，還望藉這些文字牽著大家的手，觸摸一下大門上各種雕刻之輪廓，管窺啟示錄信息，稍稍領略一下門後各等圖象的風光。深願我們都在聖靈的帶領下恭敬行道、專心事主。到那日，踏進門後的世界時，可以親耳聽到羔羊的聲音，認得祂是我們所事奉的被殺羔羊，並享受與羔羊同在的福樂。

01

陌生的家鄉

最驚駭的，
是你一覺醒來，
發覺所見所聞原來都是真象

一章1至8節——《新標點和合本》

1耶穌基督的啟示，就是神賜給他，叫他將必要快成的事指示他的
眾僕人。他就差遣使者曉諭他的僕人約翰。2約翰便將神的道和耶穌基
督的見證，凡自己所看見的都證明出來。3念這書上預言的和那些聽見
又遵守其中所記載的，都是有福的，因為日期近了。
4約翰寫信給亞細亞的七個教會。但願從那昔在、今在、以後永在
的神，和他寶座前的七靈，
5並那誠實作見證的、從死裏首先復活、為世上君王元首的耶穌基
督，有恩惠、平安歸與你們！
他愛我們，用自己的血使我們脫離罪惡，6又使我們成為國民，作
他父神的祭司。但願榮耀、權能歸給他，直到永永遠遠。阿們！
7看哪，他駕雲降臨！

眾目要看見他，
連刺他的人也要看見他；
地上的萬族都要因他哀哭。
這話是真實的。阿們！
8主神說：「我是阿拉法，我是俄梅戛，是昔在、今在、以後永在的全能者。」

「這已不是我熟悉的城市。」
「這已不是我熟悉的世界。」

這些年間，於不同場合不知道聽過這類說話多少次。起初，或者帶一點驚訝；後來，變成一句隨口溜的呢喃；最後，竟變成了沉默而不用宣之於口的歎息。今天，對好些人來說，剩下的可能是口罩也蓋不住的無奈與深沉的神色。對好些人來說，所見，所聞，實在太陌生，又太令人動容，以致，我們都不再懂得如何表達，以致，有些人選擇遠走他方。

我常跟人說，在一般人心中，寫啟示錄的那位約翰，大概是一個坐在拔摩海島上觀看異象的「戲迷」吧！——異象不就是有如投射在天上大銀幕的四維電影嗎？我們想像他看見那些奇詭的場面，或者會因這等異象之異常而瞠目結舌？可事實上這些異象不只是一幕幕天降奇觀。不是的。約翰寫的異象，既非啟示錄「獨家放映」，也非約翰所不能理解的。這些異象表面看似跟現實脫軌，卻是非常真實。故此，可怕，不是它們陌生；它們之所令人困惑，是它們既陌生又熟悉；而最教人驚懼之處，正在於它們竟是如此真實。

不是嗎？過去幾年，你從電視屏、手機屏看到的景象——甚至是來自全世界的畫面——哪會是你從前想像得到的？過去我們只從教科書歷史書先知書等地方讀到的東西，過去從紀錄片新聞片甚至科幻片才看到的畫面，原來可以發生在咫尺之間。「日常」和「異象」交錯，「熟悉」和「陌生」重疊，最叫人驚惶不安。

是真？是假？如夢？如幻？

最驚駭的，是你一覺醒來，發覺所見所聞原來都是真象。

拔摩島上的約翰，對所見的異象並不陌生；第二聖殿時期的有識之士，也不會對天啟文學毫無頭緒。相反，天啟的語言是他們熟悉的，從但以理書、以西結書，到兩約中間的天啟文學，他們都讀慣了這些文字，見慣了這些意象，所以那斷不是「獨家放映」的奇特橋段，而是陪伴他們長大的《星球大戰》（*Star Wars*）、《新世紀福音戰士》（*Neon Genesis Evangelion*）、《廿二世紀殺人網絡》（*The Matrixs*）……

如果那些科幻電影是「假的」，都是喻象，我們不會害怕，我們也不會傻到要去考究宇宙原力是否異端邪說，因為我們都熟知那個體裁所運用的語言遊戲。真正可怖的，是你發覺有人要你選擇吞下那一顆藥丸——選藍色，你明天依然上班，依然扮演著原來的你，依然過著日常無礙的生活；選紅色，你會進入另一個陌生的空間、別異的世界，你開始意識到原來有一股邪惡勢力在控制著一切。你明白藥丸也可能是假的，但選擇是真的，這才最嚇人。

「昔在、今在、以後永在」（一4、8，四8）是希羅神明的自稱；「我是阿拉法，我是俄梅戛」（一8，二十一6，二十二13）這個說法，在希臘巫術蒲草紙上也可以找到；[3] 就算不牽扯到異教神明，「我是首先的、我是末後的；我是初、我是終」（二十二13），也是以賽亞會用的描述。這位啟示錄的上帝，正正用上了這等稱謂，向身處強大的異教希羅政體的天然監獄之中的約翰——祂的僕人宣告，祂自己才是真正的主宰！從希伯來傳統角度來看，祂是主；用外邦神明的自稱來

3. D. E. Aune, *Revelation 1–5* (WBC, 52a; Dallas: Word Books, 1997), 57；D. E. Aune, 'The Apocalypse of John and Greco-Roman Revelatory Magic,' *New Testament Studies* 33 (1987): 481～501 (489～491).

演繹，祂也是主。如果這是謊言，約翰大可長歎一句自己盲信倒霉；如果這是真相，他就要面對選擇紅色藥丸後的責任和痛苦，並面對自己被囚、教會受迫害的事實。

如果照耀夜空的「耶穌是主」的燈箱橫幅是我們誠心實意的宣告，那我們真正的掙扎，就在於如何應對燈光下有血有肉的真實世界。那麼你選哪一顆藥丸？

反思

1. 當我們說世界變得陌生的時候，啟示錄展現的天上世界景象，可能是校正我們目光及映照我們世界的一面鏡子。當我們面對不解的現況，是否想像得到，地上的一切都連結於自亙古已存在的正邪之爭？
2. 如果我們要面對這場天上的戰爭，我們會站在哪裏？我們是在奮勇作戰，還是一心想逃遁躲藏？你會感到害怕嗎？為甚麼？

—禱文—

神啊，世界變化之大，叫我失去方向，甚至失去人生坐標。原本沒有想像過的、考慮過的，現在都好像迫在眉睫。主啊！求祢叫我認出祢是阿拉法，祢是俄梅戛，祢是昔在、今在、以後永在的全能者。叫我相信祢，叫我在迷惘中仍然堅持跟隨祢。

02

榮耀的人子

主耶穌原來
也是眼目如火、
口吐利劍的審判主

一章9至20節——《新標點和合本》

9我——約翰就是你們的弟兄，和你們在耶穌的患難、國度、忍耐裏一同有分，為神的道，並為給耶穌作的見證，曾在那名叫拔摩的海島上。10當主日，我被聖靈感動，聽見在我後面有大聲音如吹號，說：11「你所看見的當寫在書上，達與以弗所、士每拿、別迦摩、推雅推喇、撒狄、非拉鐵非、老底嘉那七個教會。」

12我轉過身來，要看是誰發聲與我說話；既轉過來，就看見七個金燈臺。13燈臺中間有一位好像人子，身穿長衣，直垂到腳，胸間束著金帶。14他的頭與髮皆白，如白羊毛，如雪；眼目如同火焰；15腳好像在爐中鍛鍊光明的銅；聲音如同眾水的聲音。16他右手拿著七星，從他口中出來一把兩刃的利劍；面貌如同烈日放光。

17我一看見，就仆倒在他腳前，像死了一樣。他用右手按著我，說：「不要懼怕！我是首先的，我是末後的，18又是那存活的；我曾死過，現在又活了，直活到永永遠遠；並且拿著死亡和陰間的鑰匙。19所以你要把所看見的，和現在的事，並將來必成的事，都寫出來。20論到你所看見、在我右手中的七星和七個金燈臺的奧祕，那七星就是七個教會的使者，七燈臺就是七個教會。」

其中一個解釋啟示錄的進路，是將經卷的一切記載都推到所謂「末日」時代，這稱為未來解釋法（futuristic reading）。這進路認為啟示錄所記的大部分內容，都是在世界要結束時發生，與現世沒多大關係的。若是採用這進路，我們根本就不用再猜測甚麼時代是七印、甚麼時代屬七碗，因為這一切均與我無干——除了滿足我們的好奇心，或者自詡能洞悉天機，或者有法子趨吉避凶以外。不過，這種進路也一併將啟示錄整卷書推進一個不痛不癢、遙遠飄渺的時空之中，與啟示錄的主旨相悖——啟示錄一章3節不是說「念這書上預言的和那些聽見又遵守其中所記載的」就有福了麼？明顯，啟示錄不只是末日的宣傳預告片。這些「預言」，不單要聽，更要遵守。

譬如當你打開聖經時代的亞細亞地圖，就會發現啟示錄七教會由亞細亞第一大城以弗所開始順時針記載的。今天我們想到異象，常常認為是超現實，是超越自身所能經歷的，彷彿一切都屬天馬行空，是我們難以企及的；不過，對啟示錄的收信者來說，他們不但能在地圖上找到七教會的確切位置，而教會所屬的城市，更是順著地理位置來記載。故此，七教會的異象固然有其超然性，但同時是跟現實世界和教會相接軌的，如此看來，那就不容許我們任意天馬行空地自由解讀了。

不少人都看過宮崎駿改編的動畫《哈爾移動城堡》（*Howl's Moving*

Castle），當中的移動城堡可以遊走於不同的現實之間。城堡門旁的輪盤一轉，可以去到日式歐洲小鎮；再一轉，又可以去到正邪交戰的外太空。不同場景，不同時空，似乎是虛的、假的，卻同時是真的、實在的。男主角在黑暗中跟邪惡力量角力，天空的爭戰驚險又遙遠，要到主角最後身負重傷，躺在歐式大廳之時，我們才知道他傷得有多重，傷口挖得有多深。啟示錄就是哈爾城堡門旁的輪盤。

七教會所在的城市是真的，是實在的；羅馬帝國權勢叫約翰下監，也如此真實。那麼，我們相信一章12節開始記載的那位耶穌也是如實的嗎？從祂口中出來的劍（*rhomphaia*），是當時希羅政權的敵人色雷斯人（Thracians）手持的「大殺傷力武器」，同時也是舊約神審判的工具。七教會的城市是真的，羅馬政權的逼迫也是真的，那麼，人子的聖潔、公義、能力，同樣也是真實的嗎？——可留心這位眼目如火、口吐利劍的耶穌，跟我們印象中手抱小羊羔的溫柔牧者形象，似乎大相逕庭。如果啟示錄是哈爾城堡門旁的輪盤，那麼我們將看見後者跟前者同樣真實；也就是說，我們在天上、在地上、在家裏、在世界所打的，是同一場戰爭；我們所受的傷，都同樣深入了靈魂深處；而人子也應該是教人敬懼、賞善罰惡的審判之主！

面對這彎曲悖謬的世代，面對臥在那惡者手底下的世界，其荒誕與虛空也許叫不少信徒難再相信天上的真象。我們在地上看不見公義，看不見光明，也難再相信聖經所說的公義、仁愛、喜樂。我們心目中的耶穌，往往是溫柔的牧人，對人憐憫有加，亦難跟現實的殘酷相合。或者，正因為世道歪曲，啟示錄一章的耶穌便不再是一味溫厚的牧人，而更加像科幻片中的天外來客，帶著碾壓一切之大能，叫人生敬，叫人反思——原來我們的救主不單是關愛憐憫的大牧人，同時也是超越一切、掌管一切的主，是初、也是終！祂可以輕拍我們肩膀，在我們耳邊細語，同時也可以威榮得叫我們仆倒在地。愛我們的主耶穌，原來是我們未悉透的主。也惟有這樣的一位懾人的救主，方可在亂世帥領我們，讓我們知道真正該敬畏的是誰，而不用被眼下的亂象嚇怕，誤以為必然要向地上權勢的狂傲俯首稱臣。

反思

1. 我們眼中的耶穌是怎樣的一位主？啟示錄一章的主，我們認得出來嗎？我們見證到祂超乎我們想像的榮耀和權能嗎？
2. 啟示錄一章描述的主耶穌，哪一種特質令你最印象深刻？這對你又有甚麼意義？為甚麼？

禱文

主耶穌，我宣認你是我的救主，是世界的主，是歷史的主，求祢打開我的眼睛，叫我知道身處的是怎樣的一場爭戰，叫我知道怎樣為祢爭戰。我或有疑惑，我或有膽怯，求主耶穌額外施恩，叫我在種種亂象面前，認得出祢；叫我單單敬拜祢，跟隨祢。

03

斑駁的教會

今天我們
會上
怎樣的教會？

二章——《和合本2010》

1「你要寫信給以弗所教會的使者，說：『那右手拿著七顆星，在
七個金燈臺中間行走的這樣說：2我知道你的行為、勞碌、忍耐，也知
道你不容忍惡人。你也曾察驗那自稱為使徒卻不是使徒的，看出他們是
假的。3你能忍耐，曾為我的名勞苦而不困倦。4然而，有一件事我要
責備你，就是你把起初的愛心拋棄了。5所以你要回想你是從哪裏墜落
的，並且要悔改，做起初所做的工作。你若不悔改，我要到你那裏去，
把你的燈臺從原處挪去。6然而你還有一件可取的事，就是你恨惡尼哥
拉派的行為，這種行為也是我所恨惡的。7凡有耳朵的都應當聽聖靈向
眾教會所說的話。得勝的，我必將神樂園中生命樹的果子賜給他吃。』」
8「你要寫信給士每拿教會的使者，說：『那首先的、末後的，死
過又活了的這樣說：9我知道你的患難和貧窮——其實你卻是富足的，也

知道那自稱是猶太人的所說毀謗的話，其實他們不是猶太人，而是撒但
會堂的人。10你將要受的苦，你不用怕。看哪！魔鬼要把你們中間幾個
人下在監裏，使你們受考驗，你們要遭受苦難十日。你務要至死忠心，
我就賜給你那生命的冠冕。11凡有耳朵的都應當聽聖靈向眾教會所說的
話。得勝的必不受第二次死的害。』」

12「你要寫信給別迦摩教會的使者，說：『那有兩刃利劍的這樣說：
13我知道你的居所，就是有撒但座位之處；當我忠心的見證人安提帕在
你們中間，在撒但所住的地方被殺之時，你還堅守我的名，沒有否認對
我的信仰。14然而，有幾件事我要責備你，就是在你那裏有人服從了巴
蘭的教訓；這巴蘭曾教唆巴勒將絆腳石放在以色列人面前，使他們吃祭
過偶像之物，並且犯淫亂。15同樣，你那裏也有人服從了尼哥拉派的教
訓。16所以，你當悔改；若不悔改，我很快就到你那裏來，用我口中的
劍攻擊他們。17凡有耳朵的都應當聽聖靈向眾教會所說的話。得勝的，

我必將那隱藏的嗎哪賜給他，並賜他一塊白石，石上寫著新的名字，除了那領受的以外，沒有人認識。』」

18「你要寫信給推雅推喇教會的使者，說：『神的兒子，那位眼睛如火焰、雙腳像發亮的銅的這樣說：19我知道你的行為：愛心、信心、勤勞、忍耐；又知道你末後所行的善事比起初所行的更多。20然而，有一件事我要責備你，就是你容忍那自稱是先知的婦人耶洗別教唆我的僕人，引誘他們犯淫亂，吃祭過偶像之物。21我曾給她悔改的機會，她卻不肯悔改她的淫行。22看吧，我要使她病倒在牀上。那些與她犯姦淫的人若不悔改他們的行為，我也要使他們同受大患難。23我又要殺死她的兒女，眾教會就知道，我是那察看人肺腑心腸的，我要照你們的行為報應各人。24至於你們其餘的推雅推喇人，就是一切不隨從這教訓，不明白他們所謂撒但深奧之理的人，我告訴你們，我不會再把別的擔子放在你們身上。25你們只要持守那已經有的，直到我來。26那得勝又遵守我

命令到底的，

我要賜給他權柄制伏列國；

27他必用鐵杖管轄他們，

如同打碎陶器，

28像我也從我父領受了權柄一樣。我又要把晨星賜給他。29凡有耳朵的都應當聽聖靈向眾教會所說的話。』」

香港的教會很有「港味」。那些在舊式樓宇的「二樓」教會，聚會人數可能不多，會友人數少則幾十，多則可能也不過一、二百，氣氛倒像上世紀公仔箱處境劇的鄰里關係那樣，街坊熟稔，濃濃的人情味中又滿了吵鬧嘻哈。當然，香港也有「座堂」教會，但比起歐洲的教堂，我們的顯然屬「迷你版」，而且往往日漸隱沒於四周的高樓大廈，成了石屎森林中格外不顯眼的建築。當然，近幾十年這裏也出現了不少「巨型」教會，聚會前後，就像戲院開場散場，兒崇少崇早堂午堂晚堂，聚會多會友更多；排隊進，排隊出，一恍神，或會以為是甚麼演唱會進場離場的人羣。

這幾年的社會變化，又讓我們看到教會更「多元」的一面：原來，有些堂會會組織一些走在後街窄巷派飯派口罩送暖的小隊；原來，有些教會是土淺石頭地，文化政經的日頭出來一曬，就受盡傷害枯乾了；又原來，有些教會可以成為避風港，在波濤洶湧的巨浪中讓人在其中休息安靜。

聽過一位神學院院長說，原以為教會在二十一世紀要面對的是聖靈論的問題，殊不知真正令我們困惑的是教會論：甚麼是教會？——沒有實體聚會，還算是聚會嗎？閒時到不同的堂會聚會，或參加不同教會的網上聚會，算是「不可停止聚會」麼？虛擬世界的教會，還需要「會友」這概念嗎？……

是的，托爾斯泰（Leo Tolstoy）在《安娜．卡列尼娜》（*Anna Karenina*）的開場白說：「幸福的家庭都是相似的，不幸的家庭各有各的不幸。」年前流行的「健康教會」訓練所描繪的教會，都是十項全能的：福音傳得廣、會友人數多、服務得稱讚、宣教遍全球……不過，聖經所描述的教會好像多不是如此。

從耶穌身邊的門徒羣體，到使徒行傳的家庭教會，一直到啟示錄的七教會，幾乎沒有一個教會是「完全健康」的。不同的教會就像不同的人一樣，各有各的脾性，各有各的優點缺點。**以弗所教會**的特色是忍耐和勞苦：她「勞碌……曾為我的名勞苦而不困倦」；她「……忍耐，也知道你不容忍惡人……你能忍耐」（二2～3），換言之，她知道「孰可忍孰不可忍」。身處亞細亞第一大城，這個教會「忍得捱得又做得」，還懂得分辨是非……可惜，這個教會缺了起初的愛心。

甚麼？以弗所教會還要受責備？在以弗所這個大城，要活得出以弗所教會的樣子，要如此「忍得」如此「硬淨」，見到別人不爭氣，聽到其他教會不達標，有勇氣直斥其非，疾惡如仇同時也不乏勞碌事奉，已談何容易！但正正是在這個骨節眼上，耶穌說她失去了起初的愛心，「把起初的愛心拋棄了」（二4）。這是多麼難達到的標準！教會不怕累不妥協，難道就不可要求別人多一點？難道這就是沒有愛心的表現？耶穌說，是啊，就像不愛尼哥拉一黨的行為，但仍然愛黨中的人。「愛那黨中的人」？如果我是昔日的以弗所教會，聽到耶穌這句斷語，會不會氣得拂袖離去？

士每拿教會的形象則全然不同，她要忍受貧窮，而本來應該同氣連枝的會堂，對士每拿教會來說卻是「撒但會堂」（二9）。受苦是她的命運，至死忠心是她的使命。連殉道都放在教會議程上，這便成就了士每拿教會成為「有讚無彈」的模範。可是，這是你我羨慕的教會（生活）嗎？

如果說到教會為主爭戰，**別迦摩教會**可能就是站在軍隊前方的一員，因她身處「撒但座位之處」（二13）——可能是指別迦摩城的宙斯廟宇，也可能是代表別迦摩的希臘醫治之神阿斯克勒庇俄斯（Asclepius；這神明的杖上有蛇的形象，而這根阿斯克勒庇俄斯之杖亦即今日醫療機構常見到的標誌）。這城的教會直面見證人安提帕的殉道，也不棄絕信仰（二13），不過她倒犯上了吃祭偶像之物的罪。為甚麼？按別迦摩的石刻記載，城中居民每天都要聚集歡慶凱撒的生日，歌頌羅馬王室，一起守節、宴樂、歡唱……按保羅的說法，吃祭偶像之物還有其可接受之處（林前八章），但啟示錄這裏卻指出那是信仰上的不忠，這分歧可能源於亞細亞城市膜拜凱撒之風尤其熾熱。保羅和啟示錄之間的差別，也進一步讓我們看到，當時吃祭偶像之物於信徒間是怎樣備受爭議的：生死的抉擇，當然不容易做，但原來有勇氣坦然直面逼迫的別迦摩教會，在日常的踐行中也會遇上困難。如果你有願意為主殉道之心，但換來主的責備，告訴你吃祭偶像之物是不對的，你甘心嗎？你願意聽從嗎？

至於**推雅推喇教會**，幾乎是完美化身：愛心、信心、勤勞、忍耐，不但在當下，就是她末後所行的善事，也比起初所行的更多。可惜，這教會活在錯誤的教導之中：行姦淫，吃祭偶像之物。屬於耶穌的教會如果在信仰上不忠，無論其行為怎樣美怎樣善，也沒有藉口能躲過羔羊嚴厲的審判……

談了四個教會。若給你機會，再選一家教會去上，你選士每拿教會，還是推雅推喇教會？推雅推喇教會有的是愛心、信心、勤勞、忍耐和未來；你看！以弗所有的，她都有；就連以弗所沒有的愛心，她也有，看來是「移民」首選——不過，這教會並沒有忠於耶穌，若不悔改，嚴嚴的報應就要臨到。一家看來滿有恩賜的教會，原來在屬靈上是要「小心地滑」之處。

無論如何，你不會選士每拿教會吧？她有的只是對頭人、患難與死亡。講地利，她處於最差的撒但座位；論資源，她窮得只剩下耶穌口中那句「你卻是富足的」。甚麼富足，甚麼生命的冠冕，甚麼得勝，那只是耶穌口中的應許，頂多只能留到第二次的死來的時候才看到。加入士每拿教會？不要說笑了。

如果今天一家教會既沒有資源，也比不上以弗所和推雅推喇的忍耐、愛心；有的只是在壓力和逼迫下必然受苦的命運，甚至信徒有下監受死的可能——誰會選擇參加？我們不是會聽到有人說，這樣的教會是半死不活、乏善足陳、前景堪虞的嗎？

不！聖靈說我們看錯了！士每拿是完全屬於那首先的、末後的、死過又活著的教會，是啟示錄中少有「有讚無彈」的教會。現今的患難很真實，但那是十日的苦楚（二10），斷非無盡期的苦難，主必帶領這個教會出死入生，最終賜給她那生命的冠冕（二11）。

主日，回家前，我站在冷清的街道上，回首我教會掛在大廈外牆那個斑駁的脫漆招牌。當我默想甚麼是「完美教會」，我驚訝耶穌所看到的，竟是如此不同。

—反思—

1. 你身處怎樣的信徒羣體？你覺得你所屬的教會——和香港的教會，是怎樣的教會？耶穌判斷教會的標準，跟我們的標準有甚麼分別？
2. 如果耶穌來到你的教會、你所屬的信仰羣體，祂將看到甚麼？你認為祂將看重甚麼？為甚麼？

—禱文—

主耶穌，我們的選擇和我們的標準，原來與祢的相去那麼遠；求祢開我們的眼，叫我們懂得以祢的眼光來看教會。

04

教會的得勝

不以世俗的標準衡量，
也不用城市的
光環加冕

三章——《新標點和合本》

1「你要寫信給撒狄教會的使者，說：『那有上帝的七靈和七星
的，說：我知道你的行為，按名你是活的，其實是死的。2你要警醒，
堅固那剩下將要衰微的；因我見你的行為，在我上帝面前，沒有一樣
是完全的。3所以要回想你是怎樣領受、怎樣聽見的，又要遵守，並
要悔改。若不警醒，我必臨到你那裏，如同賊一樣。我幾時臨到，你
也決不能知道。4然而在撒狄，你還有幾名是未曾污穢自己衣服的，
他們要穿白衣與我同行，因為他們是配得過的。5凡得勝的必這樣穿
白衣，我也必不從生命冊上塗抹他的名；且要在我父面前，和我父
眾使者面前，認他的名。6聖靈向眾教會所說的話，凡有耳的，就應
當聽！』」
7「你要寫信給非拉鐵非教會的使者，說：『那聖潔、真實、

拿著大衛的鑰匙、開了就沒有人能關、關了就沒有人能開的，
說：8我知道你的行為，你略有一點力量，也曾遵守我的道，沒
有棄絕我的名。看哪，我在你面前給你一個敞開的門，是無人能
關的。9那撒但一會的，自稱是猶太人，其實不是猶太人，乃是
說謊話的，我要使他們來，在你腳前下拜，也使他們知道我是已
經愛你了。10你既遵守我忍耐的道，我必在普天下人受試煉的時
候，保守你免去你的試煉。11我必快來，你要持守你所有的，免
得人奪去你的冠冕。12得勝的，我要叫他在我上帝殿中作柱子，
他也必不再從那裏出去。我又要將我上帝的名和我上帝城的名（這
城就是從天上、從我上帝那裏降下來的新耶路撒冷），並我的新
名，都寫在他上面。13聖靈向眾教會所說的話，凡有耳的，就應
當聽！』」

14「你要寫信給老底嘉教會的使者，說：『那為阿們的，為誠

信真實見證的，在上帝創造萬物之上為元首的，說：15我知道你的
行為，你也不冷也不熱；我巴不得你或冷或熱。16你既如溫水，
也不冷也不熱，所以我必從我口中把你吐出去。17你說：我是富
足，已經發了財，一樣都不缺；卻不知道你是那困苦、可憐、貧
窮、瞎眼、赤身的。18我勸你向我買火煉的金子，叫你富足；又
買白衣穿上，叫你赤身的羞恥不露出來；又買眼藥擦你的眼睛，
使你能看見。19凡我所疼愛的，我就責備管教他；所以你要發
熱心，也要悔改。20看哪，我站在門外叩門，若有聽見我聲音就
開門的，我要進到他那裏去，我與他，他與我一同坐席。21得勝
的，我要賜他在我寶座上與我同坐，就如我得了勝，在我父的寶
座上與他同坐一般。22聖靈向眾教會所說的話，凡有耳的，就應
當聽！』」

撒狄教會要儆醒，她快要死了，事實上也雖生猶死。其實，撒狄這個城市也曾經死過：按羅馬史家塔西佗（Tacitus）記載：「在這一年（公元十七年）的某一個夜晚，一場突如其來，並且威力強大的地震，摧毀了亞洲十二個城市……在這些城市中，撒狄的災情最為嚴重，所以她所得的憐憫也最大。因為提庇留（Tiberius）不單以一千萬的羅馬幣（sesterces）助她重建，也恩准她可以五年不用上繳稅金。」[4] 地震發生九年之後，當亞洲十一個城市為了爭取為羅馬凱撒建殿時，撒狄是最後兩個進入決賽的城市。

撒狄可以參與這樣的爭逐，證明了她由死而生的活力。與現代城市爭奪奧運主辦權相比，這場競賽可說不遑多讓。史蒂文森（Gregory Stevenson）研究啟示錄的殿宇和身分認同（*Power and Place: Temple and Identity in the Book of Revelation*, 2012），指出一個城市若可以建一座省級的羅馬君王廟宇，是莫大的光榮，亦可以得到眾多好處，因此亞細

4. 塔西佗：《編年史》（*The Annals*）2.47：「提庇留承諾給予撒狄一千萬塞斯特西斯的賠償，並豁免財政部或由帝國控制的分支的所有稅收，為期五年。」

亞各城都想爭取建凱撒殿的權力。公元前二十九年，別迦摩是第一個為羅馬和奧古斯都建殿的城市。一世紀初，亞細亞地區要為羅馬興建第二座廟宇，於是這地區的十一個城市便派出大使到提庇留那裏，爭相要求在自己的城市建殿。有些城市因資源不足而被拒，別迦摩就因已有一座殿宇而被拒，而以弗所已經有女神亞底米的廟，米利都又有亞波羅神廟，所以也不在考慮之列。最後剩下撒狄和士每拿兩城爭逐，而最終由士每拿掄元，得以在公元二十六年為凱撒建殿。雖然撒狄在競選中落敗，但她於重創之後還可以打進最後兩強，實力可見一斑。

但撒狄的教會卻不若城市一樣能極速重生，她看來是活的，但其實是死的（三1）。耶穌看的不是教會的復元能力、地位和財富，祂只看一事，就是撒狄的行為，卻發現教會所為在上帝眼中竟沒有一樣完全。

教會的命運必然就是身處之地的縮影嗎？看著一個城市漸漸死去，居民當然會期望這城有日可以再現光芒。如果好像撒狄一樣，雖受天災重創，卻能極速重建，那不是一樁真真正正的神蹟麼？不過，按啟示錄這裏的判斷，教會的生命顯然不是取決於宏大的建築、外表的風光，也不在文化政經的實力，而是在於教會能否於君王崇拜的淫亂中穿起白衣，分別為聖（三4～5）。

非拉鐵非教會是繼士每拿之後，另一個「有讚無彈」的教會。耶穌拿著大衛的鑰匙，也將這權柄賜給非拉鐵非教會，叫她開了的門無人能關（三7）。那非拉鐵非有甚麼能耐？——她「略有一點力量」，意即她有的只是小小的能力；而正因為她能力小，卻仍遵守主的話語，沒有棄絕祂的名（三8），這使得耶穌一連說了三次「看哪！」，指出教會將要得勝：

我知道你的行為。**看哪**，我在你面前賜下了一個敞開的門，是沒有人能關上的；這是因為你能力小，但你遵守了我的話語，沒有否認我的名。**看哪**，我要使那些屬於撒但會堂的，就是那些自稱是猶太人，其實不是猶太人，而是說謊的人——**看哪**，我要使他們來，在你腳前下拜；他們就會知道我已經愛了你……（三8～9；《中文標準譯本》）

這一點點的力量，除了帶來三個「看哪！」（*idou*），也帶出了三個「守住」（*tēreō*），即教會「遵守」了耶穌的道（三8），以及祂忍耐的道（三10上），而耶穌也守住（「保守」）了教會（三10下），免去教會的試煉。得勝的，就是守住耶穌教導者，就是那忍耐的教會，主必叫她勝過對頭人，讓她再成為真正聖殿的支柱（三11）！

跟非拉鐵非教會的微小力量形成強烈反差的，是**老底嘉教會**的豐富——她自詡「我是富足，已經發了財，一樣都不缺」（三17上）。這也難怪，畢竟老底嘉城本身以眼藥聞名，又出產具光澤的黑羊毛成衣，不過，耶穌卻說這裏的教會是「是困苦、可憐、貧窮、瞎眼、赤身的」（三17下），當她以為自己甚麼都不缺，耶穌卻呼籲她要向祂買火煉過的金子，以提醒她何為真正的富足；老底嘉的黑毛衣品質上乘，耶穌卻要教會買白衣穿上，使她赤身的羞恥不露出來；老底嘉以眼藥聞名，但耶穌卻要教會買眼藥抹她的眼睛，使她能看見（三18）。

由於受到地理限制，老底嘉本身缺乏足夠及穩定的優質水源供應，而水源自南面遠處的溫泉經水管流下，到達老底嘉時已成溫水，這是出土水管內的沉積物可以佐證的，所以這裏說的不冷不熱，不是指不冷淡和不熱心，而可能是指老底嘉的水源，既不像她北面的城市希拉波立（Hierapolis）溫泉那樣有益，也不如東面城市歌羅西（Colossae）的冷泉那樣有用，結果，富饒的老底嘉教會只可以像當地的泉水那樣劣質，入口不宜，毫無用處。

總的來說，耶穌是怎樣看教會的？主耶穌的視角，似乎與世界的標準判若雲泥。當大家都侃侃而談，力言逆境重生，矢志再創高峯，就好像撒狄精神滿滿；當大家不管世局變遷，只講究資源本事，信誓旦旦地要再次擦亮我城的金字招牌……這不就是老底嘉的盛況？主卻說，即使你抗逆力爆表，能極速翻身，在各個領域節節領先，但教會的價值，不端在這等世人對城市的美好願景，無論是中環價值還是獅子山精神。我們的教會未必能踏平崎嶇，甚至沒有力量寫下不朽名句；她可能不再是區域樞紐，也失去了勇闖海角天邊的氣魄。但——在瘋狂跪拜凱撒的亞細亞，在會堂咄咄進逼的世俗城市，我們的教會要像非拉鐵非的教會那樣，只略有一點點力量，只可以僅僅守住主的道，不致棄絕主的名，但——她就是耶穌讚賞的得勝教會，是神要安置在聖殿中的柱子。

是的，耶穌不要教會追隨世俗的標準ABC（Attendance, Building, Cash），也不會用城市的光環替教會加冕；祂要的，是跟心愛的教會一同坐席——就在那只有微小力量的教會中。

反思

1. 在耶穌眼中，教會最重要的質素是甚麼？
2. 世人用甚麼標準來衡量一個地方——或教會的成敗？我們看教會，是用耶穌的標準還是世界的標準？為甚麼？

禱文

主耶穌，願祢賜我們屬靈的眼睛，看清我們的現況；評定自己的生命時，能以祢的標準來作我們的標準。我們要悔改之處，求祢指正；要持守的道，求祢提醒。又叫我們每天將盡時，可以到祢面前來，享受你賜下的靈筵。

05

曾被殺之羔

敬拜主耶穌
是對主流
的顛覆

四至五章——《委辦譯本》

四

1自後我觀在天、有門闢焉、昔我聞聲如吹角、今復語我曰、爾
來、我以必至之事啟爾、2我即感於聖神、見在天有位、亦有坐之者、
3坐者貌似碧玉、瑪瑙、有虹若葱珩、環繞其位、
4位之四周、有二十四位、二十四老坐之、衣白衣、戴金冕、5雷
迅電閃、聲甚宏遠、自位中出、位前七燈燃焉、七燈者、上帝七神也、
6位前琉璃、平鋪若海、澄澈如水晶、位之下、左右有靈物四、遍
體有目、7一若獅、二若犢、三則貌似人、四若飛鷹、8靈物各有六
翼、遍體有目、晝夜不息、言曰、聖哉、聖哉、聖哉、自昔迄今永在、
全能之主上帝、
9坐於位者、永生之主、靈物尊之榮之謝之、10時二十四老於永生

坐位者前、俯伏以拜、脫冕於位前、11曰、主造萬物、萬物受造、仍存不敝、皆遵主旨、宜其以尊榮權力、歸於主焉、

五

1我觀坐位者、右執冊、內外有文字、緘以七印、2我觀有能天使、大聲問曰、誰堪啟其緘、展其冊、3天上地下暨幽冥、無有能展其冊而覽之、4既無人堪展覽之、故我痛哭、

5一老語我曰、勿哭猶大支派之獅、大闢根株所萌、能啟七緘、而展其冊、6我觀位前諸老、與靈物環繞、其間有羔立、若見殺然、角七目七、即上帝七神、施行於天下、7羔就坐位者右、取其冊、

8靈物與二十四老、各執琴瑟、炷香金鼎、香譬聖徒祈禱、見羔取冊、皆俯伏於前、9口誦新詩曰、爾當取冊啟緘、因爾見殺流血、贖我於族姓國民中、而歸上帝、10立我為王、為祭司、事上帝而治天下、

11我見靈物諸老、與位四旁、天使數千萬、12聞聲大呼曰、見殺之羔、必得其權、必得其富、必得其智、必得其能、必得其尊、必得其榮、必得其祉、13我聞天上地下、幽冥海中、百物云、福祉、尊榮、權力、歸於坐位者及羔、歷世未艾、14靈物曰、此誠心所願也、二十四老伏拜永生之主焉、

「自後我觀在天……感於聖神、見在天有位、亦有坐之者……」（四1~2）啟示錄由二至三章地上亞細亞七教會的描述，忽然跳進四至五章「在天」的天上敬拜景象，就如我們旅遊時走在繁華的紐約街頭，由洛克斐勒中心（Rockefeller Center），忽然一下子跳到聖派翠克大教堂（St. Patrick's Cathedral）那樣。明明身處街道上熙來攘往的人羣中，一轉身就走入了神聖的所在。從新哥德式尖頂垂下的長長吊燈，映照著壇上的溫暖燭光，不期然叫我們將目光朝上仰望。

不過，現代讀者再細讀這兩章經文，就未必像進到大教堂那樣安然恬靜了，因為其中的影像和神聖面容，並不若我們印象中的慈祥。經文描述的寶座，以及寶座上的閃電、響聲和雷轟，再再都讓人畏懼不安，加上古怪的「靈物」(四活物)和不知名的二十四位長老，還有羔羊和用七印封嚴了的書卷，使得啟示錄像一齣神幻片似的，內容完全循著天馬行空的自由想像發展，不受常理常態約束。

這也難怪，沒背景資料，我們根本不可能理解任何象徵的意涵。這就像上了年紀的我聽不懂也看不明年青人的潮語和網絡火星文。又簡單如疫情下的對話，當我們提到甚麼做核酸、第幾針等，放在三、五年前，或者二千年後，若沒背景資料，人大概也無從明白。語文、特別象徵語言，畢竟必然具備一定的此時此地處境意義，由不得人太過任意自由聯想解讀。

因此，今天我們覺得陌生奇異的天上景象，對啟示錄的初代讀者而言，可能不說自明。譬如他們知道，由羅馬皇帝多米田（Domitian）開始，隨他出巡的刀斧手（lictor）人數，由十二位加至二十四位；而每當凱撒出巡，他會坐在移動的王座上，刀斧手不但要為皇帝開路，也要保護皇帝的安全，這些刀斧手甚至有權逮捕羅馬公民，加以處罰。又或者，別迦摩城的人讀到啟示錄，不難想起由凱撒奧古斯都在別迦摩組織的王室詩班，詩班不但每年唱歌慶祝凱撒生日，每月也有小型的慶生儀式，目的就是要推廣膜拜凱撒的活動，將榮耀歸與那位帶來和平的羅馬君王。

另一方面，浸潤在猶太典籍中的猶太基督徒，又怎能忘記以賽亞書六章和以西結書一章的天庭景象？那不就是啟示錄四到五章的影兒？而但以理書七章的審判，不是重現在啟示錄的天庭之上嗎？——強烈地告誡讀啟示錄的人，昔日在天上掌權審判的主，至今仍然坐著為王！

然而，這兩章經文對希羅世界和受猶太傳統薰陶的讀者來說，其實都是大逆不道的——誰敢將本屬凱撒的榮耀，歸與那坐在天上的？誰敢將任何形式的事物，如羔羊的形象，跟至高者並列？敬拜，並不是紅館齊唱山頂高呼四面齊開一同忘我的陶醉場面，也不是心靈踴躍感動流淚不能自已的超然經驗；敬拜，在亞細亞的城市裏，是效忠主子的分內事，是打通人脈的商業活動，也可能是苟且偷生的一道保命符，更可能是生死相搏的賭局，甚至義無反顧的自毀——或殉道。忠於凱撒，你可以得著羅馬帝國的榮華富貴；忠於會堂，你可以得到合法宗教的安全保護；忠於被殺的羔羊耶穌？——換來的，可能只有撒但會堂的譭謗和十架苦難的陰霾。

效忠羅馬的地方官員，會將冠冕呈獻在凱撒腳前。約翰的信息來到亞細亞各城的繁華街頭，宣告要跟二十四位長老一同將冠冕呈獻在天上的寶座前。如果在紐約偌大的聖派翠克大教堂朗讀這奉獻場面的經文，是宗教禮儀和敬拜，那麼在別迦摩街道的君王詩班面前宣告這奉獻行動，則是赤裸裸的悖逆並對主流的顛覆了。

約翰被囚在拔摩海島，是羅馬合理合法的判決。天使卻對約翰說，你上到這裏來，我要將以後必成的事指示你，他比其他人更早知道將來必成的事。約翰被囚並非最後的結局。

羅馬帝國根基穩固，疆土在圖拉真（Trajan；公元九十八至一一七年在位）在位時幅員最廣，橫跨亞非歐三大洲，軍隊所到之處所向披靡。基督的追隨者，在龐大的帝國底下就如白日下的微塵，於帝國的鐵蹄下不過是瞬間的飛灰。然而，約翰所見的敬拜對象，是曾被殺的羔羊；羔羊配得權柄、豐富、智慧、能力、尊貴、榮耀、頌讚：

> 見殺之羔、必得其權、必得其富、必得其智、必得其能、必得其尊、必得其榮、必得其祉。（五12）

不管在天上、地上、地底下、滄海裏，還是天地間一切受造之物，都說：但願頌讚、尊貴、榮耀、權勢都歸給坐寶座的和羔羊，直到永永遠遠！天上的四活物說「阿們！」眾長老也俯伏敬拜（五13～14）。

在世界邊緣的天然囚牢中，被放逐的約翰正覲見天上地下惟一配得敬拜和一切榮耀的主。

—反思—

1. 這個主日你會上教會嗎？又或者，即使你不上教會，這個禮拜你會敬拜神嗎？敬拜對你來說有甚麼意義？為甚麼？
2. 世界要求你將榮耀歸與誰？世上甚麼人、事、物，會認為自己配得權柄、豐富、智慧、能力、尊貴、榮耀、頌讚？

—禱文—

主啊，請祢掌管我的心，叫我將權柄、豐富、智慧、能力、尊貴、榮耀、頌讚，都全歸與祢，就是那位在十字架上捨身成就救贖的真正大君王。

06

人間的藩籬：七印

社會將人劃分的
準繩和尺度，
一律不再管用

六至七章——《文理和合譯本》

六

1我見羔啟七印之一時、聞四生物之一、其聲如雷曰、來、2我見
有白馬、乘之者執弓、予之以冕、遂出、無往不勝、3啟二印時、我
聞第二生物曰、來、4又有赤馬出、使乘之者奪和平於地、致人相殺、
且予之巨刃、5啟三印時、我聞第三生物曰、來、見有黑馬、乘之者
手執權衡、6我聞四生物中、若有聲曰、金一錢得麥一升、又金一錢得
麰麥三升、油與酒、爾勿壞之、7啟四印時、我聞第四生物之聲曰、
來、8遂見有灰色馬、乘之者名曰死、陰府隨之、予之以權、於地上四
分之一、以劍、以饑、以疫、以地之野獸而殺之、9啟五印時、我見壇
下、有為上帝道及所執之證、而見殺者之靈、10大聲呼曰、聖且誠之主
宰乎、不鞫宅地之人、伸我流血之冤、至幾何時乎、11遂各予之白衣、

且語之、使少安、待同僕與兄弟亦將如彼見殺者、畢乃事焉、12我又見啟六印時、地大震、日黑如褐、月變為血、13天星隕地、如無花果樹為大風所撼、而落未熟之果、14天遂見徙、如卷被捲、山島見移、皆離其所、15世之諸王、大夫、將帥、富人、力士、為奴者、自由者、皆自匿於山洞山巖、16謂山與巖曰、傾而匿我、以避居於座者之面、及羔之怒、17蓋其怒之大日至矣、誰能立哉、

七

1此後、我見使者四、立於地之四隅、握地之四風、使勿吹於地於海於樹、2又見他使自日出處而上、執維生上帝印、大聲呼彼有權傷地及海之四使曰、3勿傷地或海或樹、待我印我上帝諸僕之額、4我遂聞受印者之數、以色列裔各支中、計印者十四萬四千、〇
5猶大支中萬二千、流便支中萬二千、迦得支中萬二千、6亞設支

中萬二千、拿弗他利支中萬二千、瑪拿西支中萬二千、7西緬支中萬
二千、利未支中萬二千、以薩迦支中萬二千、8西布倫支中萬二千、約
瑟支中萬二千、便雅憫支中萬二千、○

9此後、我見大眾、不可勝數、自諸國諸族諸民諸方、立於座前、
及羔之前、衣白衣、執椶枝、10大聲呼曰、拯救歸於居座者、上帝及羔
矣、11諸使環座與長老四生物而立、皆面伏座前、拜上帝曰、12阿們、
頌也、榮也、智也、謝也、尊也、能也、力也、咸歸我之上帝、爰及世
世、阿們、

13長老之一謂我曰、衣白衣者為誰、適從何來、14對曰、我主乎、
爾自知之、曰、此乃出乎大難而來、曾以羔之血滌其衣而白之矣、15故
在上帝座前、晝夜事之於殿中、居於座者、將庇之以幕、16彼不復饑
渴、日與熱必不侵之、17蓋座中之羔將牧之、導至維生之水源、其目之
淚、上帝盡拭之、

啟示錄中間的段落以「七印」、「七號」和「七碗」最為人熟悉。經文這裏開始了七印的闡述。首四印已教人驚詫，不能釋懷：戰爭相殺、物價飛漲、瘟疫饑荒，都是大災大難。第五印和第六印分別描述服事主的聖徒和世人的遭遇：作見證者身受莫大冤情，伸冤曰：「……不鞫宅地之人、伸我流血之冤、至幾何時乎」（六10）；其他人由高位者到普通百姓，面對天地變色，均寧願讓山巖倒在自己身上，好躲避坐寶座者的面目和羔羊的忿怒，因為「蓋其怒之大日至矣、誰能立哉」（六17）。羅馬社會階級分明，而經文這裏所載的七類人，基本上涵蓋了羅馬帝國的所有階級；可到頭來，君王、臣宰、將軍、富戶、壯士，和一切為奴的、自主的，全都面對同一命運，就是在神的審判中恐懼戰兢。社會將人劃分的準繩和尺度，在啟示錄所描繪的異象世界中，一律不再管用；惟一分別人類終極命運的準繩，只在於其是否敬拜坐寶座者和羔羊。

此後我們又見到以色列的十二支派，以每支派一萬二千人之數，組成十四萬四千聖徒。他們「立於座前、及羔之前、衣白衣、執椶枝」（七9）。按古希臘地理學家保薩尼亞斯（Pausanias）記載，在競賽中，勝出者會戴上棕枝織成的冠冕，右手也會拿著棕枝。公元前三世紀開始，羅馬採納了希臘的傳統，將棕枝頒發給勝出者。生活在亞細亞的人，其實只要看一看日常買賣用的錢幣，就會看到刻在幣上的棕枝。以棕枝象徵勝利，也出現在猶太傳統。《馬加比一書》（*1Maccabees*）十三章西門進入聖城的記述是這樣的：「一百七十一年（即公元前一四一年）二月二十三日，猶太人興高采烈地，拿著棕櫚枝，彈著琴瑟，敲著鐃鈸，拉著提琴，唱著詩歌，進入堡壘，因為大仇敵已從以色列肅清。息孟（西門）規定每年要歡樂地慶祝這一天。他又加強靠近堡壘的聖殿山，便與部下住在那裏。」（十三51～52；《思高聖經》）

羅馬帝國的階級分野和社會劃分，在啟示錄中給完全推翻。時人根本不可能想像，為奴的和自主的、作君王的和身為平民的，可以混為一談，遭同等對待；那些可能與「貨物」同等的奴隸，怎可以跟天子相提並論？當時的奴隸可是屬於主人的，是主人「財產」的一部分；說得再刻薄一點，他們只是主人的財物罷了，跟主人根本不是同一物種。但啟示錄的第五印和第六印，卻將羅馬眾多階級都歸為一類，他們同樣要匿於山洞山巖（六16），在審判之下哀求山嶺掩蓋自己——而與這些人有別的，是另一類人，那是以色列的嫡傳，也來自諸國諸族諸民諸方（七9），他們與世人的分別只有一個，就是他們忠於上帝和被殺的羔羊。而聖民來自諸國諸族諸民諸方，既超越一切世俗身分的藩籬，又涵蓋所有民族階層，成了羔羊的百姓。這羣體本身就是一種顛覆現況的宣告。

我們能想像得到，終末人類的分野，並不在政治、階級、文化上的差異？我們能接受到，現在看來有如磐石真理般的羣體劃分方式，終究而言，其實全沒意義？我們能寬心接受，非我族類者，可能正是身穿白衣的得勝者？而那些與我截然不同、甚至彼此排拒的人，最終可以同得寶座中的羔羊的牧養，蒙領到生命水的泉源（七17）？這是我們今天的信仰挑戰嗎？——就在社會階級愈見分明、陣營間門禁愈發森嚴、非我族類者動輒得咎的當下。

一 反思 一

1. 我們劃分人身分的準繩是甚麼？財產？種族？年齡？性別？政見？……甚至「信仰」？按我們的劃分方式，有我們難以認同為「好人」的人，最終有可能站在羔羊一方的嗎？為甚麼？
2. 聖經將人分成屬主的和不屬主的，對此你有甚麼感覺？

— 禱文 —

主耶穌，求祢叫我以祢的標準和眼光來看待世人，讓我放下成見和偏見，明白祢對人的要求。更求祢保守我永屬於祢，指教我叫我不遠離祢。阿們。

07

創造的逆轉：七號

天地巨變之時，
我們才能看清楚
每個人真正相信的神是誰

八至九章——《施約瑟淺文理譯本》

八

1既啟第七印、天中寂靜約二刻、（二刻原文作半時）

2我見七天使侍於天主前、有授之以七角、

3又一天使執金香爐來、立於祭臺側、又得多香、以與聖徒祈禱、同獻於寶座前之金臺、4香之煙與聖徒之祈禱、自天使手同升於天主前、5天使將香爐盈以臺上之火傾於地、即有眾聲雷轟電閃地震、○

6執七角之七天使、正欲吹角、（正欲吹角或作乃預備吹角）7第一天使吹角、遂有雹與火雜以血落於地、凡樹木三分之一及各種青草盡焚、○

8第二天使吹角、遂有似火炎之大山、投於海、海三分之一變為血、9海中生物、死三分之一、舟壞三分之一、○

10第三天使吹角、遂有大星、焰如燃炬、自天而墮、落於江河三分之一、及諸水泉、11星名茵蔯、水三分之一變為苦如茵蔯、因水苦飲者多死焉、○

12第四天使吹角、日三分之一、月三分之一、星辰三分之一、皆陰蔽、(陰蔽原文作被擊)致日月星三分之一昏暗、晝三分之一無光、夜亦如是、13我又見一天使、飛於天中、聞其大聲曰、尚有三天使將吹角、因其角聲、居地之萬民、禍哉、禍哉、禍哉、

九

1第五天使吹角、我見一星由天墮地、有授之以大淵之鑰、2彼開大淵之坑、坑中遂出煙、如洪爐之煙、日與天空因坑煙而暗、

3有蝗自煙出偏於地、有賜之以權傷人如地上之蠍、4蝗又奉命勿傷地之菜蔬青草及諸樹木、惟傷額無天主印誌之人、5但不許蝗殺之、

第苦之五月、其苦如人之受蠍螫然、6斯時人將求死不得、欲死而死避之、7蝗狀如馬、備以往戰、首若戴金冕、其容如人之容、8有髮如女之髮、有牙如獅之牙、9有甲如鐵甲、其翼之聲、如車馬眾多疾馳以戰之聲、10有尾如蠍尾、尾上有螫、得權傷人五月、11蝗有王、即大淵之使者、希伯來言、名阿巴頓、希拉言、名阿波呂飌、

12一禍既往、尚有二禍將至、○

13第六天使吹角、我聞有聲、自天主前金臺之四角而出、14語執角之第六天使曰、伯拉大河間所繫四天使、爾當釋之、

15四天使見釋、乃天主特備、至其時其日其月其年、殺人三分之一、16其馬軍之數、有二萬萬、此數乃我所聞、17我於異象中、見其馬、又見乘之者、著火色紫色硫磺色之甲、馬首如獅首、口出火與煙與硫磺、18馬口所出之火與煙與硫磺、此三者、殺人三分之一、19馬傷人之勢、在其口亦在其尾、其尾若蛇而有首、乃以之傷人、20其餘之人、

未死於此諸災者、猶不改其作為、仍拜諸鬼魔、與不見不聞不行金銀銅木石之偶像、21亦不悔改其兇殺巫術姦淫盜竊之罪、

於太平盛世，自然、信仰、倫理、生活，這些範疇可以多割裂就多割裂。不管信主信佛還是信風水，在繁華法治社會，大家安居樂業，大家都是良民，大家都每天在職場為生活打拼，一起做個好員工，一起賺取薪酬——有幸的話也可以賺到一份尊嚴。你有你的篤信，我有我的禮拜，大家都相安無事。

可一場疫症，文化政經動盪，所有的「日常」都給擠進洗衣機的滾桶裏似的，都絞纏在一起，牽扯不清：自然、信仰、倫理、生活和天災，竟是那麼難分難解，無法分割。就如英國廣播公司（BBC）引述研究蝙蝠的學者說：「一些線索顯示，棲息地受破壞，將增加人畜共患疾病爆發（zoonotic outbreaks）的風險——那是本來存在於動物身上

的疾病跳到人類身上，繼而爆發疫情。」可如果因疫情緣故而捕殺蝙蝠，將破壞整個生態系統，因為牠們會傳播花粉、播種和滅蟲。「從食品業到化妝品業，從家具業到藥劑業，都需要蝙蝠的勞力付出。」如果錯不在蝙蝠，那麼錯在人類為了發展而對大自然任意破壞嗎？[5]

七號明顯呼應著出埃及的七個災禍。當世的疫症，也正好逼使我們面對一道難以釋懷的難題，那是在風和日麗的日子中我們選擇刻意遺忘的：埃及遭逢十災，當然是法老不順服耶和華所致，但不也同時反映了創造主可以如此暴怒？「香之煙與聖徒之祈禱、自天使手同升於天主前、天使將香爐盈以臺上之火傾於地、即有眾聲雷轟電閃地震……天使吹角……」（八4及以下），號角吹響了。昔日，法老的心硬，帶來了上主的天災審判。由信仰引出的倫理決定再生出的天災，似乎是上古人類才相信的天譴吧？可是到了二十一世紀，其間的連鎖關係突然間變得真實起來：人類罔顧一切的發展模式，侵入了大自

5.〈肺炎疫情：病毒宿主名難除　非洲科學家給蝙蝠喊冤〉，「BBC NEWS 中文」（2020 年 6 月 23 日）〔網上文章〕（https://www.bbc.com/zhongwen/trad/science-53133260）。

然的領土，引發起世紀疫症。或者，我們會說，這與信仰沒甚麼關係吧！是嗎？再想一下，當經濟和增長成為人類社會至高的追求，當發展成為壓倒一切的硬道理，我們在膜拜的到底是誰？或者說，我們在膜拜的到底是甚麼？是一位慈愛又公義的神，還是應許一切會無止境地發展得更大更強的經濟和權柄？

我們的禱告向誰而發，那就是我們心底最終的歸屬。聖徒的禱告與香同獻於寶座前之金壇，但金壇上的火傾倒於地（八4～5），摧毀了天地海星宿的三分之一；這除了是出埃及的呼應，也是對創造的逆轉。敬拜禱告，竟與天災審判緊扣。人終極的追求，與世界的變逆，竟息息相關。

天災臨到，大地崩壞，忽然讓我們看到每個人所真正相信的「神」是誰。疫症爆發初期，亞洲染疫，學生去國求學；歐美淪陷，大家又匆匆返家。求學與求活，哪個神明等次較高，不說自明。計劃將來，有人思考使命召命；面對世道歪曲，不也同樣要想到下一代的未來？甚麼入學要求、當地稅率、移民成本、社福保障……所思所想，與我們的所言所信，真的那麼接近？種種考量背後，信仰的重量又有幾何？我們敬拜神，還是在拜地位、拜利益、拜安穩、拜未來……？留與走的抉擇，有否令我們痛思自己的信仰深度？留下代表敬拜，還是離開代表信靠？種種思考，在天地巨變面前變得異常沉重。

這就是啟示錄的威力。七號之災未盡，一切的傷害止於三分之一，但人性的墮落與崩壞，已經昭然若揭——人類的困局，不在沒有智慧、不夠努力，而是「猶不改其作為、仍拜諸鬼魔、與不見不聞不行金銀銅木石之偶像、亦不悔改其兇殺巫術姦淫盜竊之罪」（九20下～21）。意即大家寧可膜拜不見不聞不行的身外物，寧可繼續邪行，寧可將自己交給那不屬於耶和華的世界……

是的，時勢好惡；是的，世道不靖；是的，人心不古。這一切一切，都讓我們看得更清楚：在昏暗混亂的世代中，我們的行為，就是我們的信仰，就是我們的神。兇殺巫術姦淫盜竊，與拜諸鬼魔，與拜不見不聞不行金銀銅木石之偶像，是同一回事；忠心聖潔不沾污穢，與敬拜坐在寶座上的和羔羊，也是不可分割。不管我們心在何處，身安何方，檢視自己是否仍忠於上主，依然是我們人生最應躬身自省的。

自然、信仰、倫理、生活、天災等紐帶，今日可能交織得更綿密。而這一切一切，才不過是破壞了三分之一；災禍和審判，才剛剛開始……

反思

1. 就自然、信仰、倫理、生活等各方面而言，我們是割裂的，還是整合的？

2. 這裏指出人的罪行在於膜拜不見不聞不行金銀銅木石之偶像。遇上莫大困境時，我們的第一反應，可能讓我們瞥見誰才是我們真正敬拜的對象。那麼當你遇上災變時，第一反應又是甚麼？

— 禱文 —

主啊，求祢除去我自己所不察覺的罪，以及除掉我在無知中所敬拜的偶像，讓我單單尋求祢的心意，單單事奉祢。

08

亂世忠僕

有口難言

才是神僕的實況，

受人憎惡才是服事主的典範

十至十一章——《馬殊曼—拉撒文理譯本》

十

1且吾睹別能神使自天下來衣雲。虹霓圍在厥首之上。厥面似太
陽。厥足似火柱。2手執已開之小書一卷。其以右腳錯於海。以左腳錯
於地。又以大聲而呼。一如獅吼焉。3其呼已。又有七雷鳴聲。4七
雷鳴已。我正欲寫。聞聲從天上語我曰。七雷所鳴之情。印封之。而勿
寫之。5吾所見立於海於地之神使舉手向天。6而以彼永遠活造天與天
上之物。及造地與地之物。及造海與海之物者而發誓。曰。無尚有時候
矣。7乃於第七神使出聲之數日。其始發聲時。神之祕旨則得竣矣。如
其以厥僕列預知而明示焉。8吾所聞自天來之聲復語我曰。往取已開之
小書。在立於海於地神使之手。9吾往而向那神使曰。給我以小書。其
曰。取之。食之。是將使汝肚苦。惟在汝口甜如蜜。10我即於神使之手

取小書而食之。食已。口是甜如蜜。而肚亦苦。11其又謂我曰。汝須在
眾民。與各國。各音。各王之前而再預言也。

十一

1且有給我以葦似棍。而神使竚立曰。起而量神之堂。及祭臺。及
在彼中崇拜者。2惟堂外之闈。除去勿量之。蓋是已賜與異民矣。又伊
等將以聖邑踏在足下四十有二月之間。3且吾將賜吾兩證者以權。伊將
衣粗布而預言一千二百六十日之間。4斯乃兩株啊唎呅樹。即兩座燈立
在地之神前。5又若有人欲傷害伊等。伊口則出火而滅厥仇。若有人欲
傷害伊等。其必如此見戮也。6又伊等有權以閉天。致勿降雨於伊預言
之際。又有權使水變血。及隨意無拘何時以各禍擊地。7且伊等證畢之
時。從無底坑而出之獸。即攻敵伊等。得勝而殺伊等。8又伊等之屍
將伏於大邑。靈名稱所多馬及以至百多之街。吾主亦被釘十字架於彼。

9伊屬各民。各族。各音。各國者。將見伊屍三日有半之間。及弗准埋
塟伊屍於穴。10且住地者將喜伊等沉淪。忭踴而互送禮物。因是兩預知
使辛苦伊等居於地者也。11三日有半後。自神來活之氣入伊等。及竚立
腳上睹伊等者吃大驚矣。12又伊聞自天來之巨聲語伊等曰。上來斯處。
伊等即駕雲升天。伊仇亦見之。13當時有大地震。城被傾頽十分之一。
又以地震被殺者七千人矣。其餘受驚而以榮歸天之神焉。14其第二禍已
逝。又見第三禍急臨。15且第七神使吹號筒而有大聲在天。曰。斯世之
列國。變為吾主及厥基利士督之國。且其將王於世世也。16在神前座上
之二十四老者。隨即俯伏而拜神曰。17主全能神。今在。昔在。及將來
在者。我等感謝爾。因爾取自之大權而王也。18且諸國發怒。又爾怒已
至。而死輩得審之期已屆。致爾給賞於爾僕先知輩。及於聖輩。俾伊等
連大小畏怕爾名。而壞伊等所壞地者。19又在天之神堂已闢。而睹有契
約之箱在堂內。及有電者。聲者。雷者。地震。及大雹矣。

收看網上視頻，站在講壇上的正是神的僕人。神的僕人們衣著總是那麼光鮮：上一輩的，總是西裝筆挺；新一代的，總是十足的smart casual。講解神話語，他們總是那麼篤定；拿著聖經，又是那麼從容自若；連看著平板電腦，也是滿有恩膏。在他們的身上，總湧流著不止盡又說不出的平安喜樂……詩歌背景配樂又總適時奏起。這是我們所愛聽愛看的神——的——僕——人。

或者該說，那是繁華盛世中大家理想中的上帝代表。

那麼，生於亂世的上帝僕人又會是甚麼模樣的呢？在第六號和第七號之間，有一幕告訴我們末日亂世中的上帝僕人是哪樣子的。

約翰首先見到的，是與別不同的大力天使——一個特別有力量的「別能神使」（十1）。他不但臉面放光，好像人子，還以雲為衣，頭上有虹，滿是與天庭有關的象徵。右腳踏海，左腳踏地，表明他有權柄掌控此前第一號和第二號所審判的地和海（見八7~8）。一世紀讀者讀到這樣的天使形象，或會想起羅得島那個後人喻之為古代世界七大奇觀之一的太陽神銅像。銅像建於公元前二九二至二八〇年，矗立在羅得島，俯瞰著整個海港。可惜的是，神像雖用上了大量銅材鑄造，而且是當世最高的青銅像，但在建成後五十四年，卻敵不過一場地震。不過，倒下來的殘骸依然在地上留存了八百年，吸引不少人前去參觀。相比之下，經文中的「別能天使」卻穩穩站在大地和大海之上。

跟「別能天使」形成對比的神的僕人，又是甚麼模樣的？天使拿著展開的書卷，大聲呼喊，七雷隨即響起，但神的僕人卻不可以寫出七雷的內容（十4），即使那是多麼重要和震撼的啟示，僕人都不可以說出來。然後，僕人更要吃掉天使手中的書卷——那是叫僕人肚子發苦，在口中卻甜如蜜的書卷。這到底是怎樣的一種服事？怎樣的一種狀態？見到，卻不能宣之；口甜，卻在肚中發苦。上帝的奧祕啟示不能說盡，口中的甜蜜又對照著腹中的苦澀。在這個狀態之下，須在眾民、各國、各音、各王之前而再預言（十11），又是怎樣的一種服事？

亂世之中，神的僕人不再是台上、屏幕上那位莊敬虔誠又無所不知的先見，或者線上、網上那個舌燦蓮花世事都給我看透了的KOL。有些事，他有口難言；有時候，宣講時口中感到如蜜之甜美，可肚中卻滿是苦澀。不是嗎？再看看兩個見證人（十一3），他們雖有大能大力，可吐火滅敵，可叫天不下雨，叫水變成血，但最後與獸爭戰時還是遭殺害，且連地上的居民都為他們的死而歡喜快樂，互送禮物。神的僕人受害，百姓竟然大事慶祝！——神的僕人原來已變成了百姓的死敵。

生於安樂、來自擁抱基督教價值的世界的人，實難以想像百姓會因神僕人受害而慶祝，也不會想像得到那是一種怎樣的神僕。如果有天，有口難言才是神僕的實況，受人憎惡才是服事主的典範，我們要怎樣選擇，怎樣自處？神的僕人還有能力去繼續傳道嗎？

今天事奉主的人，所服事的是鎂光燈還是那位世界的真光？是民意還是上主的旨意？若事奉主的人駕雲升天，大城傾頹，這種不是你死就是我亡的激烈對決，是我們可以想像得到的嗎？如果一切變成非此即彼，勢不兩立，不能再有和稀泥的承諾，不能再有左右逢源的想望，那又是事奉者可以消化和承受得了的召命麼？經文中神僕人服事的畫面呼籲我們，將服事跟受歡迎脱鉤，跟高高在上割蓆。畢竟，在末日亂世中追隨上帝，跟在春和景明、波瀾不驚的日子，站在屬靈高地呼風喚雨，是兩碼子的事。

「又伊等之屍將伏於大邑。靈名稱所多馬及以至百多之街。吾主亦被釘十字架於彼」（十一8），僕人伏屍之處，就是他們的主身釘十架之所在。

—反思—

1. 在我們心目中，服事上帝的僕人該有甚麼形象？這些形象或特質在亂世中仍然適用嗎？

2. 在亂世中服事神，如果意味著不受歡迎，與眾為敵，有時更有口難言，你將作何反應？你有類似的經歷嗎？我們可以怎樣繼續堅持事奉而不走岔？

—禱文—

求主拆去我對事奉的種種迷思，叫我在亂世之中知道要怎樣聽從祢、跟隨祢、服事祢。

09

邪惡聯盟

邪惡，原來都有外判，
而且一重一重的，
由撒但開始

十二至十三章——《新漢語譯本》

十二

1有一個大徵兆在天上出現：有一個婦人身披太陽，腳踏月亮，頭戴十二顆星的冠冕。2她懷了孕，在分娩痛苦中呼喊，在疼痛中生產。3又有另一個徵兆在天上出現：看啊，一條大紅龍，有七個頭十隻角，七個頭戴著七個王冠。4牠的尾巴拖著天上星辰的三分之一，把它們摔在地上。龍站在那快要生產的婦人面前，要在她生產以後，吃掉她的孩子。5婦人生了一個男孩子，這男孩將要用鐵杖管轄萬國。她的孩子被提到神和神的寶座那裏。6婦人就逃到荒野去，在那裏有神為她預備的地方，好讓她在那裏受供養一千二百六十天。

7天上發生了戰爭：米迦勒和他的天使與龍爭戰，龍和牠的使者也起來應戰，8龍卻抵擋不住，天上再也沒有牠們的地方。9那大龍被摔了下來；牠就是那古蛇，叫做「魔鬼」，又叫做「撒但」，是那迷惑全地的；牠被摔在地上，牠的使者也一同被摔了下來。10我又聽見天上有響亮的聲音，說：

「我們神的救恩、能力、國度，並他基督的權柄，現在都來到了。
因為我們弟兄的指控者，
就是那在我們神面前晝夜指控他們的，
已經被摔了下來。
11弟兄們勝過牠，是藉著羊羔的血
和他們所見證的道，
他們至死也沒有愛惜自己的性命。
12因此，諸天和住在其中的，
你們都快樂吧！
但地和海有禍了！

因為魔鬼知道自己時日無多，
就怒氣沖沖下到你們那裏去。」

13龍見自己被摔在地上，就迫害那生了男孩的婦人。14有大鷹的兩個翅膀賜給婦人，讓她可以飛到荒野，到自己的地方去，在那裏受供養一年、兩年、半年，避過蛇的面。15蛇在婦人的後面，從口中吐出水來，如同江河一樣，要把她沖去。16地卻幫助婦人，張開口，吞下龍口中吐出來的江河。17龍向婦人發怒，前去與她其餘的後裔爭戰，就是那些遵守神誡命、又持守耶穌的見證的人。18於是龍站在海邊的沙灘上。

十三

1我看見一隻獸，從海裏上來，有十隻角七個頭，十隻角戴著十個王冠，七個頭上有褻瀆的名號。2我所看見的那隻獸，好像一隻豹，牠

的腳如同熊的腳，口如同獅子的口。龍把自己的能力、寶座、大權，都
交給了牠。3我看見那獸其中的一個頭，似乎受了致命傷，但那致命的
損傷卻治好了。全地的人都感到驚奇，跟隨了那獸。4他們敬拜龍，因
為牠把權柄交給了那獸；他們又敬拜那獸，說：「有誰能與這獸相比
呢？誰能與牠爭戰呢？」

5那獸獲賜一個說誇大和褻瀆話的口，牠又獲賜權柄，可以行事
四十二個月。6牠就開口向神說褻瀆的話，又褻瀆神的名和他的帳篷，
就是那些住在天上的。7牠又獲准與聖徒爭戰，並且能勝過他們；牠又
獲賜權柄，可以管治各支派、各民族、各語言、各邦國。8所有住在地
上的人都敬拜牠；他們的名字，自創世以來，都沒有記在被殺羊羔的生
命冊上。

9凡有耳朵的，就好好聽吧！
10凡要被俘虜的，就被俘虜；

凡要被刀殺的，必定被刀殺。聖徒的堅忍和信心就在此處。

11我又看見另一隻獸，從地裏上來。牠有兩隻角，如同羊羔的角，說話卻好像龍。12牠在頭一隻獸面前，行使頭一隻獸的一切權柄，並且使地和住在地上的人敬拜那治好了致命損傷的頭一隻獸。13牠又行大奇蹟，甚至在眾人面前，使火從天上降在地上。14牠既獲准在頭一隻獸面前能行奇蹟，就藉此迷惑住在地上的人，告訴住在地上的人要為那受過刀傷卻還活著的獸造個像。15牠又獲准可以把氣息賜給那獸像，使那獸像甚至可以說話，也可以殺害所有不敬拜獸像的人。16牠使所有人，無論大的小的、富有的窮的、自由的作奴僕的，都要在右手或在額上打一個記號。17這樣，人若沒有這記號，就是那獸的名字或獸名的數字，就不能作買賣。18智慧就在此處。有悟性的人，就讓他計算那獸的數字，因為這是人的數字，牠的數字是六百六十六。

嗜血的妖怪，要吃掉婦人生下來的兒子。這樣的意象，或許可以當作奇幻片科幻片天馬行空的恐怖橋段。不過，若那是現實的反映，就太血腥了吧！是嗎？

新聞上的虐兒案，全城轟動。施虐的明明是至親，卻令幾歲稚子身受過百傷痕，還要洗腦説是小孩不聽話，該受責罰，隨著案件細節曝光，愈發教人不安和悲憤……另一宗案件，孩子因疏忽照顧而嚴重營養不良，腦部終生受損……有人説虎毒不吃兒，但現實人性的邪惡和限制，完全超乎想像，連平時冷靜沉著的醫護人員，作證時也禁不住語帶哽咽。

「那大龍被摔了下來；牠就是那古蛇，叫做『魔鬼』，又叫做『撒但』，是那迷惑全地的」（十二9）。邪惡的魔鬼有時就是那麼真實那麼具體。這條大紅龍七頭十角，正如其他天啟作品的描述那樣，掌握權柄的君王有能力摔下三分之一的天上晨星，「牠的尾巴拖著天上星辰的三分之一，把它們摔在地上」（十二4），那是多麼大的能力，多麼邪惡的居心。牠要與婦人的孩子和後裔爭戰，而後裔就是遵守神誡命、又持守耶穌見證的人。也就是説，這是撒但與信徒的生死對決。

掌握權柄權力，隨時虎視眈眈的邪惡，可以是照顧稚子的父母，可以是弄權為樂的上司，可以是暴虐無道的官吏，可以是貪得無厭的財閥，也可以是隱伏在日常生活中伺機吞噬善良的制度……而另一方，則是遵守誡命的百姓，是持守耶穌聖名的信徒——別人惟利是圖的時候，我們能恪守專業，不越雷池嗎？當別人要生吞活剝，有權用盡之時，我們能花時間為有特別需要的孩子撿起掉到地上的玩具，把「待用券」送到用手推車推著一堆搖搖晃晃紙皮的長者手中嗎？在強調贏家全取，講究站隊歸邊的世道中，如何給被生活擔子壓得透不過氣的同事説幾句鼓勵的話，給被剝削打壓邊緣化的後輩扶上一把，並學習接待客旅，給小子倒一杯涼水？……

爭戰，從來都不容易。而且，赤龍還串連著兩獸。海獸帶著褻瀆的名號，好像昔日人們相傳皇帝尼祿（Nero）會復活一樣，可以受死傷卻不致於死。這讓人驚奇的大能叫海獸說誇大褻瀆的話，要人敬拜自己。而地獸能行大奇迹，有本事叫火從天降，又可以控制人們的買賣，可以處死不拜海獸的人。兩獸合作無間，一起鼓動風雲。

邪惡，原來都有外判，而且一重一重的，由撒但開始，加上迷惑人叫人敬拜自己的海獸，再加上輔助海獸的地獸，以經濟操控，施加壓迫。這一切都服膺在撒但權下。

獸，當然可以是異端邪教，但也可以是權力制度，更可以是日常種種操控著我們的權力。這些力量可以壓住你生活、文化、政經的咽喉，叫你沒辦法生活，沒辦法做買賣，久而久之，不論是相信海獸能力的，還是抵不住地獸壓迫的，都會一個一個歸到撒但麾下。

啟示錄這裏所呈現的撒但，與海獸地獸一同作惡，組成了邪惡聯盟。牠們以神蹟、金錢、權力，威迫利誘，操弄眾生。在赤龍面前，誰不害怕？牠舌頭一捲，尾巴一掃，我們便變成血泊中的斷臂殘肢。不過，最叫人詫異的，卻是在我們耳邊響起的歌聲：

弟兄們勝過牠，是藉著羊羔的血
和他們所見證的道，
他們至死也沒有愛惜自己的性命。
因此，諸天和住在其中的，
你們都快樂吧！（十二11～12）

至死不渝的見證，以身相殉的生命，在人看來是死亡和失敗，在天上卻是藉羊羔寶血取得的勝利，是叫諸天快樂的旌旗。

凡有耳朵的，就好好聽吧！
凡要被俘虜的，就被俘虜；
凡要被刀殺的，必定被刀殺。聖徒的堅忍和信心就在此處。
（十三9～10）

不過，與其說這是生死一搏，不如說我們是在「束手就擒」好了。聖徒，堅忍，信心，在這世界只會成為俘虜，被刀所殺……究竟出路在哪？——這要到啟示錄十四、十五章，我們方才見得更清楚。

— 反思 —

1. 你遇見過哪些邪惡的勢力？這些勢力有甚麼特質？
2. 現在撒但用甚麼方式來掌控你我的生命？牠威脅你、掌控你，要你替牠做甚麼事情？

— 禱文 —

求主保守我們，雖暫時活在撒但的權勢之下，卻能夠相信羔羊，並蒙羔羊的血所洗淨，讓我們只敬拜真神，不向邪惡屈膝。

10

反擊之戰

啟示錄如果是一個
指向終末的「箭頭圖案」，
箭頭所指向的就是終末的敬拜

十四至十五章——《文理和合譯本》

十四

1我又見羔立於錫安山、偕之者十四萬四千人、咸有其名、與其父之名書於額、2我聞自天有聲如眾水聲、如大雷聲、又如鼓琴者鼓其琴、3眾歌新詩於座前、及四生物長老前、其歌無能學之者、惟蒙贖出乎地之十四萬四千人而已、4彼猶處子、不浼於色、羔之所往、則皆從之、此乃於眾中蒙贖、為初實之果、獻於上帝及羔者、5其口無誑、亦無瑕疵也、○

6我又見使者飛於中天、有永存之福音、宣諸宅地之人、亦於諸國諸族諸方諸民、7乃大聲曰、宜畏上帝而榮歸之、蓋其鞫時至矣、亦宜拜造天地海及水源者、○

8又有第二使者從之曰、傾矣乎、傾矣乎、大巴比倫、使萬國飲其

淫亂干怒之酒者也、〇9又有第三使者從之、大聲曰、如有拜獸與其像、
及受印誌於額或於手者、10則必飲上帝恚怒之酒、純然無雜、酌於恚怒之
杯者、又將於聖使及羔前、受火與硫之痛苦、11其痛苦之煙上騰、以至世
世、凡拜獸與其像、及受其名之印誌者、晝夜無憩息也、12諸聖徒之忍在
此矣、是乃守上帝之誡、及耶穌之道者也、〇13我聞自天有聲曰、書之、
今而後宗主而死者福矣、聖神曰、然、彼息諸勞、而諸行隨之、〇

14我又見白雲、乘之者有若人子、首冠金冕、手執利鐮、15又有使
者自殿而出、大聲謂乘雲者曰、發爾鐮而刈、蓋其時已至、地之穡熟已
久矣、16乘雲者投其鐮於地、而穡刈矣、17又有使者出自在天之殿、
亦執利鐮、18又有使者自壇而出、掌火之權、大聲謂執利鐮者曰、發爾
鐮、收葡萄樹之果、蓋已熟矣、

19使者遂投其鐮於地、而收地之葡萄、投入上帝恚怒之大醡、20其
醡見踐於邑外、血自醡出、高至馬勒、長約六百里、

十五

1我又見他兆於天、大而且奇、即七使掌末次之七災、蓋上帝之恚怒盡於此也、2我又見若玻璃海、雜以火、有獲勝於獸及其像與其名數而來者、皆傍海而立、執上帝之琴、

3唱上帝僕摩西之歌及羔之歌云、主上帝全能者乎、爾之所為大且奇哉、歷世之王乎、爾之程途義且真哉、4主歟、誰不畏懼而榮爾名乎、惟爾乃聖、萬邦必來拜於爾前、蓋爾之義端彰著矣、○5此後我見在天之殿已開、內有為證之幕、

6有掌災之七使、自殿而出、身佩寶石、清潔光明、胸束金帶、7四生物之一、予七使以金盂七、滿盛上帝之怒、彼乃生至世世者也、8自上帝之榮與能、殿充以煙、無能入之者、待七使之七災盡焉、

在啟示錄的七號和七碗之中，載有七幕異象，呈示出正邪鬥爭的狀況。十二至十三章描述的三個異象，論到撒但和兩獸聯合起來的邪惡勢力，要怎樣操控人；而十四至十五章餘下的四個異象，卻告訴我們，現實中雖然獸的勢力氣燄囂張，但在宇宙間卻存在著更大的一個故事正在發生（十四～十五章）！十二至十五章的七個異象為：

1. 與龍作戰（十二章）；
2. 海獸帶來迫害（十三 1～10）；
3. 地獸帶來迫害（十三 11～18）；
4. 羔羊和十四萬四千人在錫安（十四 1～5）；
5. 三位天使宣告福音和審判（十四 6～13）；
6. 人子收割地上的莊稼（十四 14～20）；
7. 聖徒的得勝和頌歌（十五 2～4）。

從分段可見，十四至十五章可分為四個段落，而這四個段落分別討論：在邪惡勢力掌管的現實之上，還有一個更宏大的現實，指向另一種的買，另一向度的拜，然後便是更終極的審判，以及最終極的得勝。

另一種的「買」：十四章1至5節的前文，論到在地獸掌控之下，人右手和額上都得印上獸的印記，不然就不得買賣。不少人看著電子貨幣或者電子身分登記之類，都會害怕這是不是啟示錄所說的應驗了。可是，即使不是出於這種對將來的恐懼而作如是觀，我們都知道，如果當一個權勢要所有人都遵行其邪惡要求，才可以買賣的話，那將是一個怎樣的光景。

不過，十四章一開始，卻有另一羣人出現。經文告訴我們，「我又見羔立於錫安山、偕之者十四萬四千人、咸有其名、與其父之名書於額」（十四1），羔羊站在錫安山上，而同祂一起的十四萬四千人，額上都寫有羔羊的名和父的名。經文在3節和4節兩次強調，這些人是買回來的，是「蒙贖」的。經文似乎在對比兩類人：在地上為了可以買賣，而甘受額上獸印記的人；以及十四章這些羔羊買回來的人，而他們是與羔羊在一起的。在獸的掌控下交易，所關心的是地上買賣的機會；而與羔羊同在的十四萬四千人，卻是出於另一種「買」——不過這「買」並不關乎金錢，而是羔羊「買回來」的生命——以寶血和祂性命買來的。經文描述這羣人未曾沾染婦女，原是童身，口中察不出謊言，沒有瑕疵，「彼猶處子、不浼於色……其口無誑、亦無瑕疵也」（十四4～5），是初熟的果子。這些描述表明他們符合神的要求，聖潔且合神使用。如果他們是羔羊的軍隊的話，也是分別出來而能為羔羊所用的軍隊。

另一向度的「拜」：十四章6至13節另一個重要的主題是敬拜。獸要得到人的敬拜，而在人看來這似是一種無法抵擋的壓迫。可經文指出，敬拜神的人是有福的，最終，他們可以息了自己的勞苦，做工的果效也要隨著他們：「今而後宗主而死者福矣、聖神曰、然、彼息諸勞、而諸行隨之」（十四13）。但拜獸和獸像的人，卻要承受神的忿怒：「必飲上帝恚怒之酒……受火與硫之痛苦、其痛苦之煙上騰、以至世世……晝夜無憩息也」（十四10～11）。兩種人最終的下場，與他們地上的遭遇截然不同，這也是終末與現世的分別。

明星政客要粉絲支持、崇拜，名牌商品要顧客奉己為神。有哪一種蠱惑人心的迷魅力量，不要求人的膜拜和效忠？地上一切喚召人前來膜拜的主體，在人看來都是無上的、終極的；他們、它們、牠們不都在應許世人，只要拜倒其跟前，人就可以找到自身的價值甚至世上的福樂，或至少賺到作為信眾的那份尊榮和歸屬感嗎？不過啟示錄指向的卻是一個驚人的逆轉結局：在地上拜獸和獸像的人，在終末必承受痛苦；在地上因敬拜羔羊而受苦的人，在終末卻可享安息，有神的福氣隨著他們。是的，這是終末才出現的結局。我們相信麼？那我們要敬拜誰呢？

更終極的審判：十四章14至20節用收割的比喻帶出神的審判，先是鐮刀收取地上的收成，後是收了葡萄再丟到酒醡（即「醡酒池」）；參《和合本2010》）。有學者認為，這裏呼應約珥書十四章15節提到「收割的時候已經到了」。啟示錄十四章最後一節的「（酒）醡」，在舊約也一直與審判有關。而審判這個主題是啟示錄十二至十五章七個異象中的第六個，同時又呼應著第六印和第六號的審判經文，似乎啟示錄在這一連串以七為單位的結構中，第六個環節都是以審判為主題的。

最終極的得勝：最後，不論是第七印、第七號，還是第七個異象，都是以得勝和敬拜作結（十五2～4）。啟示錄如果是一個指向終末的「箭頭圖案」，箭頭所指向的就是終末的敬拜。到那日，一切都要歸向真神和羔羊，天上地下沒有其他事物和對象，配得受造物完全降服的敬拜；而一切的榮耀，最終都要歸與那位聖潔公義的真神！

─ 反思 ─

1. 你現在最想「買」的是甚麼？你需要買的又是甚麼？這些事物有沒有控制著你呢？
2. 耶穌的寶血已經買贖了我們，我們要怎樣生活，才配得起耶穌所付出的買贖的代價呢？

─ 禱文 ─

主啊，在物質主義的時代，求祢叫我們看見我們是祢買贖回來的子民，叫我們不被任何人物事所收買，只單單因祢的買贖而過祢所喜悅的生活。

11

惡的面目

最終極的惡，
是用迷惑的話，
叫世上的權勢都站在神的對立面

十六章——《環球聖經譯本》

1我聽見有響亮的聲音從聖所裏傳來，向那七位天使說：「去，把神烈怒的七碗傾倒在大地上！」

2第一位天使去了，把碗傾倒在大地上，就有惡毒的膿瘡長在那些有怪獸記號並敬拜獸像的人身上。

3第二位天使把碗傾倒在海裏，海就變得好像死人的血，海裏一切生物都死了。

4第三位天使把碗傾倒在江河和眾水源裏，水就變成了血。

5我聽見掌管眾水的天使說：「今在、昔在的聖者啊！你這樣施行了審判，顯出你是公義的，

6因為他們曾傾倒聖徒和先知的血，所以你也把血給了他們喝，他們罪有應得！」

7我又聽見祭壇有聲音傳來說：「是的，主，神，全能主宰啊！你的審判既真實又公義！」

8第四位天使把碗傾倒在太陽上，太陽就得了能力用火烤人。

9人被酷熱烤灼，就褻瀆有權掌管這些災禍的神的名，並不悔改，不把榮耀歸給他。

10第五位天使把碗傾倒在怪獸的寶座上，怪獸的王國就黑暗了。人痛苦得不斷咬自己的舌頭，

11又因為膿瘡的劇痛而褻瀆天上的神，並不為自己所做的悔改。

12第六位天使把碗傾倒在幼發拉底大河上，河水就乾了，要給從日出之處來的眾王準備好道路。

13然後，我看見三個好像青蛙的污靈從魔蛇的口、怪獸的口和那個假先知的口中出來，

14他們是鬼魔的靈，施行種種神蹟，到普天下眾王那裏去召集他們

作戰，這戰爭將會在神全能主宰的大日子發生——

15看哪，我快要像賊那樣來到！保持警醒的人有福了！他確保自己常有衣服穿在身上，免得赤身行走，讓人看見羞處——

16於是，污靈把眾王召集到一個地方，這地方希伯來話叫哈米吉多頓。

17第七位天使把碗傾倒在空中，就有響亮的聲音從聖所的寶座上傳來說：「完成了！」

18又有閃電、響聲、雷鳴和大地震，自從地上有人以來，沒有發生過這麼強烈的地震，

19那座大城裂為三段，列國的城也都倒塌了——神就是這樣記得大城巴比倫，把自己烈怒的酒杯給她喝了。

20所有海島盡都逃跑，羣山也無處可尋。

21又有每塊重約一擔的大冰雹從天而降，砸落在眾人身上；由於這冰雹的災害，人就褻瀆神，因為這災害嚴重極了。

坐上亡命小巴，聽到了早已遺忘的那些老歌：「害怕悲劇重演／我的命中命中／越美麗的東西我越不可碰／歷史在重演／這麼煩囂城中……」電台主持說：「王菲在一九九六年末的派台歌《暗湧》，收錄於一九九七年發行的迷你專輯《玩具》。」耳邊遺留的，是「年末……暗湧……一九九七……」四分一世紀過去了，「歷史在重演」的歌詞讓人莞爾。是那些年？還只是昨日？風雲色變、翻天覆地，是新的深淵？還是歷史重演？

七碗在啟示錄十六章一次過出現，這跟七印、七號的緩慢進程，截然不同。七碗沒有明確的插敘，卻將歷史重現了一遍：惡和毒的瘡、海水成了血、烤人的大熱。是預示末日的苦難？還是回顧久遠時代的歷史？

「第一位天使去了，把碗傾倒在大地上，就有惡毒的膿瘡長在那些有怪獸記號並敬拜獸像的人身上。」（十六2）有如爐灰漫天飛舞的那日，「耶和華吩咐摩西、亞倫說：『你們取幾捧爐灰，摩西要在法老面前向天揚起來。這灰要在埃及全地變作塵土，在人身上和牲畜身上成了起泡的瘡。』摩西、亞倫取了爐灰，站在法老面前。摩西向天揚起來，就在人身上和牲畜身上成了起泡的瘡。行法術的在摩西面前站立不住，因為在他們身上和一切埃及人身上都有這瘡。」（出九8～11）

「第二位天使把碗傾倒在海裏，海就變得好像死人的血，海裏一切生物都死了。第三位天使把碗傾倒在江河和眾水源裏，水就變成了血。」（啟十六3～4）天使的碗傾倒之際，就如昔日「摩西、亞倫就照耶和華所吩咐的行。亞倫在法老和臣僕眼前舉杖擊打河裏的水，河裏的水都變作血了。」（出七20）

人身上的毒瘡、如血殷紅的水源，是神審判人的記號，出埃及記的十災呼籲法老聆聽耶和華的話，啟示錄的七碗召喚人悔改歸向神。

神逆轉大自然，表明人要立刻回轉；惟有轉向創造主，人才可以逃得過創造的逆轉。

七號毀壞各事物的三分之一，但七碗卻是全面的毀滅！——沒有任何事物可以留下來，沒有任何東西可以逃得過神的審判。法老一再心硬，最終失去了長子以及埃及軍隊；末日臨近時屬獸的人一再作惡，最後只會落在神的烈怒之中。

地上的人卻一再褻瀆神，被大熱所烤時褻瀆神（啟十六11），雹災嚴峻時也褻瀆神（十六21），他們每天作惡，不悔改自己所行，遇到了審判，就只會褻瀆。

英國廣播公司的戲謔仿作紀錄片《扯蛋地球史》（*Cunk on Earth*）主持人虛構了一個故事：「有一位朋友，名叫保羅，在公路上眼看要撞上前車，心裏大叫，耶穌！祢救我的話，我就相信祢。結果，保羅的確保住了性命，但卻頭骨碎掉雙腳折斷。」主持人問：「如果有神，為甚麼要這樣對付保羅？」而保羅最後的宣告是：「要是我見到耶穌，一定不會放過祂，我見到祂時，祂死定了。」劇中扮演專家的板著臉回應說，保羅的經歷，正好帶出神學的一個議題，那就是神的護佑（providence），即我們的遭遇有多大程度可以歸因於神。

啟示錄十六章的災難出自神的審判，是毫無懸念的。若是無辜人受苦、義人受苦，我們也許會提出「神義論」（theodicy）的問題，質問神為何殘忍不公。不過，啟示錄指涉的卻是那些行不義、悖逆神的人：他們不但流神僕人的血，不回歸上帝，當他們遇上鋪天蓋地的審判時，雖知這一切出於神，卻仍褻瀆神：

> 人被酷熱烤灼，就褻瀆有權掌管這些災禍的神的名，並不悔改，不把榮耀歸給他。（9節）
>
> 又因為膿瘡的劇痛而褻瀆天上的神，並不為自己所做的悔改。（11節）

> 又有每塊重約一擔的大冰雹從天而降，砸落在眾人身上；由於這冰雹的災害，人就褻瀆神，因為這災害嚴重極了。（21節）

這正好反映出一點，就是他們相信神的存在，相信神有能力逆轉創造，相信神會施行審判，但他們仍選擇在平日悖逆，在末日褻瀆。明知神是神，卻不以神為神。這大概也是羅馬書一章所描述之人的不義。

對邪惡的描述，啟示錄用上了不少象徵，而其中之一便是青蛙：「然後，我看見三個好像青蛙的污靈從魔蛇的口、怪獸的口和那個假先知的口中出來」（十六13）。「青蛙」一詞原文在新約只出現過一次，不過在希伯來聖經希臘文譯本《七十士譯本》（*Septuagint*）卻出現了十五次，其中十一次來自出埃及記，另外兩次出現在詩篇，全都與出埃及記十災中的「蛙災」有關，而約瑟夫（Josephus）和斐羅（Philo）筆下的青蛙也是不潔和迷惑人的壞東西。

我們留意，經文不是說靈就是青蛙，而是污穢的靈「好像」青蛙。這些好像青蛙的靈，分別從龍、獸並假先知的口中出來。按啟示錄十二至十三章的經文，龍就是撒但，獸就是站在撒但一邊的政經勢力，而假先知就是替政經勢力加持的宗教代表——假先知一詞在啟示錄十六章首次出現，相信這即啟示錄十三章的第二隻獸。

這些像蛙的靈做甚麼工作的？「他們是鬼魔的靈，施行種種神蹟，到普天下眾王那裏去召集他們作戰，這戰爭將會在神全能主宰的大日子發生」（十六14）——這些靈迷惑人，煽動人與神爭戰，憑的可能是如青蛙所發之噪聒無意義的聲響，這可能也是呼應著埃及巫師變蛙迷惑人心之舉（出八7）。當然，蛙也令人聯想到埃及女神赫凱特（Heket），這女神以蛙或蛙頭人身的形象出現。古希臘占卜家和釋夢家阿特米多魯斯（Artemidorus），解夢時便以蛙代表欺騙。總而言之，這裏的「青蛙」就是蠱惑人心的壞東西。

邪惡的「三位」——撒但以及牠手下的兩獸，即邪惡的勢力以及其麾下的政經實體，以及為撒但宣傳的宗教勢力——邪惡的三位代表，口裏吐出有如青蛙般迷惑人心的話，並假扮成會行奇事的力量，召集普天下的眾王，與全能者對戰！邪惡是甚麼？姦淫擄掠殺人放火打家劫舍當然邪惡，但啟示錄要向讀者說明的，是一世紀的羅馬帝國，以及其宗教宣傳機器，原來也可以是撒但的手下。這三股勢力最終極的惡，並不只是行各樣壞事，而是用迷惑的話，叫世上的權勢都站在神的對立面。

「仍靜候著你說我別錯用神甚麼我都有預感／然後睜不開兩眼看命運光臨／然後天空又再湧起密雲／然後天空又再湧起密雲。」

（《暗湧》）

反思

1. 神的警告和審判，曾臨到你或身邊的人嗎？在你的個人經歷中，神試過用相類似的「記號」來提醒你回轉、歸回嗎？
2. 個人道德的敗壞是罪，但羅馬帝國的驕奢殘暴同樣是罪。今天我們如何看這種宏觀的、結構性的悖逆？

禱文

主啊，救我們脫離污穢的靈，叫我們小心從龍口、獸口並假先知的口中吐出來的虛謊；保守我們，只專注聆聽祢自己聖潔的教導。

12

紙醉金迷

對人類尊嚴的踐踏，
與對神的褻瀆，
可能是一個銀幣的兩面

十七至十八章——《俄羅斯正教新遺詔聖經》

十七

1執爵之七天神、其一語我曰、來、我以坐水上之大淫婦、將受審
之判示爾、2係世上諸王、與之行淫、天下億兆、數飲其淫亂酒、屢
致沉湎者、3吾遂感於神、天神攜我適野、見一婦、乘絳獸、七首十
角、徧體書謗主言、4婦服紫絳衣、飾金玉珠璣、執金斝、貯可憎淫
穢於中、5其額書曰奧祕、瓦微隆大邑、係世之淫婦、與可憎者之母
云、6婦酣飲聖徒、及為伊伊穌〔斯〕作證者之血、見之、我不勝駭異、
7天神語我曰、爾何異、婦與所乘七首十角之獸、其奧義我將示爾、
8爾所見之獸、昔有今無、後必出淵、而歸沉淪、天下億兆、即自創世
來、未錄於生命冊者、見獸昔有今無而後復出、則必稱奇之、9此具有
聰明睿智、七首乃婦所居七山、10或指七王、已薨其五、其一尚存、

其一未至、至亦暫存而已、11昔有今無之獸、是為第八王、亦居七王列、終歸沉淪、12爾所見十角乃十王、尚未得國、後必秉權如王、偕獸為之、祇一晷、13皆懷一心、以己之權能予獸、14遂與羔戰、羔必勝之、以羔為諸主之主、列王之王、從之者、乃見召蒙選中之忠信者、15復曰、爾見淫婦所居之多水、乃衆人衆民、各族各譯、16又爾所見獸之十角、彼將惡淫婦、使之貧乏、裸裎、食其肉焚之以火、17蓋天主以之置於十王心、致成厥旨、僅此一旨、並讓伊等國予獸、直至天主前言有徵、18爾所見之婦、即治世王之大邑、

十八

1厥後、我見一天神自天降、秉大權、大地遂普被其光輝、2天神大呼曰、瓦微隆大邑、傾圮傾圮、今為魔所居、及一切邪神、不潔可憎鳥之樊籠、3因彼邑使諸國飲其淫亂酒、天下諸王與彼行淫、由邑俗奢

靡、故天下商賈於以富饒、4我聞自天復有聲云、吾民當出此邑、為弗與
共罪、弗遘其災、5其罪惡達於天、其不義天主亦憶及之、6宜報彼、依
其前施於爾者、且依彼所行、倍報之於彼、彼所酌爾者、今宜倍酌於彼、
7其素自榮若何、奢靡若何、宜依之俾其疾若痛哭亦若何、因彼意謂吾位
猶女王、非嫠婦、無由痛、8故災害死亡、痛哭饑餓、一日薦至、伊必
見焚以火、蓋審判伊之天主係鴻能者、9天下諸王、素與之行淫、專事奢
靡者、覩伊見焚之火煙、必為之痛哭號泣、10懼害及身遙立而云、災禍亦
及爾瓦微隆素稱鞏固大邑、因審爾之判、立時及之、11天下商賈、亦為之
痛哭號泣、因貨殖無售之者、12其貨殖乃金銀寶石、珠璣、各枲布、絲縷
紫布、諸品香木、象牙及佳木、銅鐵白石諸器、13亦有肉桂香品、香膏乳
香、酒油麪麥、牛羊馬車、鬻身鬻靈、皆無售者、14其向所喜之果無有、
珍奇餚饌已離爾、爾不可復得、15因彼致富饒之諸商賈、懼害及身、遙立
痛哭號泣、16並云、災禍災禍、亦及爾大邑、素著枲布紫布絳布、飾金玉

珠璣者、蓋頃刻間如此富有頓失、17又各舵長與附載之人、舟子及航海商旅、咸遙立、18覩伊見焚之火煙、呼曰、何邑能與此大邑比擬、19乃以塵埃蒙首、痛哭號泣、呼曰、災禍災禍、亦及爾大邑、係以爾珍寶、使操舟於海者富裕、因頃刻間虛曠、20天歟、聖宗徒及諸先知、宜為之欣喜、因天主爾審斯邑之判成矣、21有能之天神、舉大石如磨、投於海、曰、瓦微隆大邑、必猝然被傾圮如此、並不復有、22鼓琴歌唱品簫吹角之音、不復聞於爾間、巧匠工藝、不復居於爾間、礱磨聲、不再聞於爾間、23鐙光不復照於爾間、新婚者與新婦之語、不復聞於爾間、因爾商旅乃世上大夫萬民以爾巫術見迷惑、24且先知聖徒、與天下見殺者血、於彼得見之、

前文才問過邪惡是甚麼。你心中的邪惡是甚麼？如果要為邪惡造一個像，那個像又會是甚麼模樣的？如果邪惡是一個人，那個人又會有甚麼性格特質？是張牙舞爪的，是深沉歹毒的，是陰險暗晦的，還

是披上光明天使外衣的衣冠禽獸？

啟示錄十六至十七章用上了極具象徵但又非常真實的方式，給讀者描述出邪惡的面目。

這是當時地上最大的權勢。約翰當然不能非常直白地說明，畢竟他已身陷拔摩海島，正在為「說實話」（truth-telling）埋單。如果直斥其非，恐怕啟示錄更難流傳了，所以十六至十七章寫的是一個婦人，而這個婦人是個大淫婦，是大巴比倫，是一個與新聖城耶路撒冷完全相反的淫婦。經文充滿了象徵：行淫所指的是褻瀆，各樣華美的妝扮所指向的是其得罪上帝的本質。雖然如此，經文還是夾雜了一兩句直接一點的描述，讓我們可以確定這股邪惡勢力的所作所為：「婦酣飲聖徒、及為伊伊穌〔斯〕〔耶穌〕作證者之血、見之、我不勝駭異」（十七6）；「且先知聖徒、與天下見殺者血、於彼得見之」（十八24；參《新標點和合本》：「先知和聖徒，並地上一切被殺之人的血，都在這城裏看見了。」）殘害聖徒、先知和見證者，是我們可以料想得到的惡行，始終在撒但掌管之下的邪惡實體，並不會容許神的僕人在其中傳道；然而十八章24節提到「天下見殺者血」，一切被殺之人的血，似乎暗示還有因其他原因被殺害的人，他們都在巴比倫的手下遭殃，這，也是巴比倫的罪。

此外，經文也說到這個邪惡實體的罪惡和不義：「其罪惡達於天、其不義天主亦憶及之」（十八5），只是當中的細節，經文沒有詳述，但按十八章6節，這些罪和不義似乎是跟其怎樣待人有關，而神的處分是加倍地以其人之道還治其人之身：

她怎樣待人，也要怎樣待她，
按她所行的加倍地報應她；
用她調酒的杯加倍地調給她喝。（十八6；《新標點和合本》）

除了惡待聖徒、罪惡和不義，這巴比倫還有一種自恃的驕傲，認為自己所坐的位決不至於悲哀，又榮耀自己，過奢華的生活。

她怎樣榮耀自己，怎樣奢華，
也當叫她照樣痛苦悲哀，
因她心裏說：
我坐了皇后的位，
並不是寡婦，
決不至於悲哀。（十八7；《新標點和合本》）

以上種種加起來，似乎還不是很實在；讓我們看看這巴比倫與商人所買賣的貨物是甚麼：

這貨物就是金、銀、寶石、珍珠、細麻布、紫色料、綢子、朱紅色料、各樣香木、各樣象牙的器皿、各樣極寶貴的木頭，和銅、鐵、漢白玉的器皿，並肉桂、荳蔻、香料、香膏、乳香、酒、油、細麵、麥子、牛、羊、車、馬，和奴僕、人口。（十八12～13；《新標點和合本》）

這一系列貨品，大多數都是奢侈品，而且按羅馬版圖來說，是由羅馬可及的整個世界所精挑細選出來的。金銀珠寶、上乘布匹、上等原材，還有當時極昂貴的香料等，全都是王室貴族才用得上的寶物。讀這份清單，就好像走進世界知名的購物大道，華美的櫥窗五光十色，極盡奢華的夢幻商店陳列著種種奢侈品牌。值得我們注意的是，貨物的價值似乎是由最高的開始，而讀到最後的，是奴僕、人口。將人和奴僕視作貨物，已不足以令人咋舌：如果整個清單是由最有價值的貨物開始開列，那麼奴僕、人口原來是給排在最後的！這才叫人心寒。

啟示錄十八章的財物名單，讓我們窺見大淫婦做買賣之邪惡。商人、航海的和整個帝國都參與這種貿易。我們可以想像，他們是如何將戰俘或被賣為奴的人，視作比牛羊更低賤的貨物；我們可以想像，在他們眼中，這些人該受到怎樣的對待。由此，我們也就自然明白，對人類尊嚴的踐踏，與對神的褻瀆，可能是一個銀幣的兩面。這是羅馬帝國的邪惡所在。

—— 反思 ——

1. 帝國以淫婦的繁華、美艷、豐富形象迷惑世人。她的美麗、她帶來的財寶利益，在紙醉金迷的宣傳下，魅惑眾生。在這樣的主流價值下，我們怎樣才可以專一跟隨主？
2. 人命何價？你覺得對人性尊嚴的尊重，與對神的褻瀆有甚麼關係？尊重人與尊重神有甚麼關聯？為甚麼？

—禱文—

主啊，在消費至上的社會，在人慾橫流的世代，求祢給我屬靈的眼睛，注目在祢關注的事情上。

13

哈利路亞

羔羊的武器是「忠信真實」，

是神的道，

是羔羊的犧牲

十九章——《環球聖經譯本》

1之後，我聽見天上有響亮的聲音，像是一大羣人在高呼，說：「哈利路亞！救恩、榮耀、權能都屬於我們的神！

2因為他的審判既真實又公義。那大妓女以淫亂敗壞了大地，神就審判了她；並且為自己的奴僕伸冤，討還她手上的血債。」

3他們又一次說：「哈利路亞！燒妓女的煙不住升騰，直到永永遠遠！」

4二十四位長老和四個活物，就俯伏敬拜那坐在寶座上的神，說：「阿們！哈利路亞！」

5又有聲音從寶座上傳來說：「神的所有奴僕啊，你們凡是敬畏他的，無論卑微尊貴，都要讚美我們的神！」

6然後，我聽見有聲音，像是一大羣人在高呼，如同滔滔巨浪的轟鳴，又如隆隆的響雷，說：「哈利路亞！因為主，我們的神，全能主宰已經為王了！

7我們要歡喜快樂，把榮耀歸給他！因為羔羊的婚期到了，他的新娘自己也準備好了，

8並且有光鮮潔淨的細麻衣賜給她穿上——這細麻衣就是聖徒的義行。」

9天使對我說：「你要寫：『獲邀赴羔羊婚宴的有福了！』」他又對我說：「這些都是神真實的話。」

10我就俯伏在天使腳前要拜他，但是他對我說：「千萬不要這樣做！我和你，以及你那些持守耶穌的見證的弟兄，都是同作奴僕的。神才是你應當敬拜的——耶穌的見證，就是聖靈啟示的預言。」

11然後，我看見天開了，有一匹白馬出現，騎士稱為「忠信真實」，他按公義施行審判和作戰。

12他的眼睛像火焰，頭上戴著許多王冠，身上寫著一個名字；這名字除了他自己沒有人知道。

13他身穿鮮血浸染了的衣服，他的名稱為「神的道」。

14眾天軍騎著白馬，身穿潔白的細麻衣，一直跟隨著他。

15一把利劍從他口中伸出，用來擊殺列國，他將用鐵杖擊滅他們；他踹著神全能主宰烈怒的壓酒池。

16他的衣服和大腿上寫著一個名號：「萬王之王，萬主之主」。

17我又看見一位天使站在太陽中，向高空中央所有的飛鳥高聲喊道：「來吧！聚集在一起來參加神的大宴席！

18好讓你們吃君王的肉、將領的肉、力士的肉、馬和騎兵的肉，以及所有人的肉——無論自由為奴，卑微尊貴。」

19我看見那隻怪獸和地上眾王，以及他們的眾軍，都聚集在一起，要跟那白馬騎士和他的眾軍作戰。

20怪獸被捉住了，連同那假先知一起被捉住——假先知曾代表怪獸行種種神蹟，欺騙那些接受怪獸記號和敬拜獸像的人——他們兩個就被活活扔進燒著硫磺的火湖裏。

21其餘的人都被那白馬騎士口中伸出的劍殺掉，他們的屍肉讓所有飛鳥都飽餐了一頓。

哈利路亞較常出現在舊約，意思是要讚美耶和華，在新約就只出現於啟示錄十九章（十九1、3、4、6），乃大淫婦受審判之後，聖徒發出的讚美。大淫婦不是別的，正是啟示錄上一章所言在世界掌權的巴比倫，也就是行惡敵擋神的地上權勢。唱哈利路亞讚美主，是聖徒效忠的宣告，也是對大巴比倫墮落的歡慶。這些在天上的歌者，是在地上帝國手底下受死的聖徒，以及在大淫婦手底下殉道的見證者。

啟示錄從一開始，一直到尾聲，敬拜的場面就不住出現。在七教會出場之前，是敬拜；七印七碗七號的尾聲，是敬拜；來到巴比倫陷落，在獸和蛇被徹底擊潰之前，也是敬拜。敬拜，讓聖徒宣告他們所屬所事的是誰。敬拜，並沒有中間地帶，也沒有和稀泥的可能。我們敬拜的，要不就是神和羔羊，要不就是世界的王和邪惡力量。這不只是聖潔之主的要求，也是魔鬼和其黨羽的定例。

由啟示錄十二章開始出現的蛇、二獸和巴比倫，在十八和十九章被逐一消滅和捆綁。從前，敬拜上主的人，遭他們逼迫殺害，惟有受過獸印記的，才可以買賣謀生。到了終末，那些服膺邪惡勢力的人，也要與他們所事奉的「主」，一同滅亡，被天使吩咐的飛鳥所吃：「其餘的人都被那白馬騎士口中伸出的劍殺掉，他們的屍肉讓所有飛鳥都飽餐了一頓」（十九21）。死在帝國和邪惡勢力手底下的聖徒，如今可以高唱哈利路亞讚美主，歸榮耀與真神和羔羊，見證新婦和羔羊的婚宴（十九6～8）。

向誰唱哈利路亞，是非此即彼、黑白二分的宣告；是生死存亡、判若雲泥的抉擇。敬拜主的人，必然在邪惡力量之下受苦，但最終一定在天國見證榮耀。啟示錄十九章的「四重」哈利路亞，既是歡慶巴比倫的陷落，也是全能者王權的高舉，以及羔羊婚宴的頌歌。

大巴比倫、大妓女終於倒下。羔羊的新娘終於出現。「因為羔羊的婚期到了，他的新娘自己也準備好了」（十九7），惟這新娘不若大淫婦穿金戴銀，也不煙視媚行，這新娘是披戴聖徒義行的教會：「並且有光鮮潔淨的細麻衣賜給她穿上——這細麻衣就是聖徒的義行」（十九8）。末後的婚宴將要開始了。

今天市場上有關籌備婚禮的資訊琳琅滿目，高級的場地、專業的統籌、精緻的請帖、獨特的佈置、優質的攝錄、完美的妝容、華貴的禮服……不過，這一切一切，都是外在的、表面的。羔羊的婚宴關注的是新郎和新娘：新娘是否配得上羔羊？——她的義行就是最得體的婚紗；新郎是否那萬民期待的彌賽亞？——祂以犧牲自己來勝過邪惡和死亡。

「哈利路亞！救恩、榮耀、權能都屬於我們的神！」（十九1下）代表羔羊最終勝過死亡和邪惡；「萬王之王，萬主之主」（十九16下）這名號代表祂全然得勝。羔羊要勝過的，不只是人所能見到的地上權勢，他要將君王、將領、力士、馬和騎兵這些勢力背後的邪惡徹底擊潰。不過，若有人以為羔羊真的是要發動地上的戰爭打敗羅馬帝國，恐怕要失望了，因羔羊的武器是「忠信真實」（十九11），是神的道，是羔羊的犧牲。若我們生於一世紀，或許會急於見到羅馬覆亡，但啟示錄卻告訴我們，神羔羊要對付的，是終極的邪惡——這場爭戰也許有很多我們不能理解的地方，但聖經卻應許我們，最終神的道和忠信真實，定會得勝，而邪惡不但敗亡，更會完全消逝，就如飛鳥將屍身吃得乾乾淨淨！

反思

1. 「哈利路亞」在這裏一再出現。你有深刻的讚美經歷嗎？那又發生在甚麼時候？你覺得我們在崇拜中為何要讚美耶和華？
2. 在今天看來，你認為怎樣的基督徒見證才算是穿著「義行的白衣」？為甚麼？

禱文

哈利路亞，願榮耀歸給我們的上主和羔羊，讓我們服在主的寶座之下，恭敬遵守主所吩咐的真道。

14

末世地圖

人總是期待一舉得勝，
一成永成，啟示錄卻叫我們明白，
終末的結局，還需要耐性等待

二十章——《聖經新譯本》

1我又看見一位天使從天上降下來，手裏拿著無底坑的鑰匙和一條
大鎖鍊。2他捉住了那龍，那古蛇，就是魔鬼，撒但，把牠捆綁了一千
年。3天使把牠拋在無底坑裏，關起來，封上印，使牠不能再迷惑列
國，等到那一千年完了。以後，必須暫時釋放牠。

4我又看見一些寶座，有人坐在上面，他們得了審判的權柄。我也
看見那些因為替耶穌作見證，並且因為神的道而被斬首的人的靈魂。他
們沒有拜過獸或獸像，也沒有在額上或手上受過獸的記號。他們都復活
了，與基督一同作王一千年。5其餘的死人還沒有復活，等到那一千年
完了。這是頭一次的復活。6在頭一次復活有分的人是有福的、聖潔
的，第二次的死沒有能力轄制他們。他們還要作神和基督的祭司，與他
一同作王一千年。

7那一千年完了，撒但就要從監牢裏被釋放出來。8他要出來迷惑地上四方的列國，就是歌革和瑪名，使他們聚集爭戰。他們的人數好像海邊的沙那麼多。9他們上來遍滿了全地，圍住了聖徒的營和那蒙愛的城，就有火從天上降下來，毀滅了他們。10那迷惑他們的魔鬼，被拋在硫磺的火湖裏，就是獸和假先知所在的地方。他們必晝夜受痛苦，直到永永遠遠。

11我又看見一個白色的大寶座，和坐在上面的那位。天地都從他面前逃避，再也看不見了。12我又看見死了的人，無論大小，都站在寶座前。案卷都展開了，還有另一卷，就是生命冊，也展開了。死了的人都憑著這些案卷所記載的，照著他們所行的受審判。13於是海把其中的死人交出來，死亡和陰間也把其中的死人交出來，他們都照著各人所行的受審判。14死亡和陰間也被拋在火湖。這火湖就是第二次的死。15凡是名字沒有記在生命冊上的，他就被拋在火湖裏。

世界末日，是否像末日電影所描述的那樣？又或者，「千禧年」學說所提到的被提、大災難、千禧年等，是否真的可以畫成一幅精準的末世路線圖？不論是信徒與否，也不管信主多久，這類問題似乎是提到啟示錄時大家最感興趣的話題之一。

Tesla 暨 SpaceX 執行長馬斯克（Elon Musk）曾表示：「將堅持致力於火星移民計劃，並且讓人類成為跨行星發展物種，並且計劃自未來二十年內在火星上建造能自給自足的城市。」用馬斯克的說法，就是人類若只留在地球，最終只有滅亡，所以我們要成為跨行星的物種。事實上，除了個體生命的消失，人類心底還有另一層恐懼，那就是人類的滅絕——特別在核武和氣候變化等陰霾下。末後或終局，就如生命起源一樣，的確是我們欲一再窺探的奧祕。

對於啟示錄二十章的描述，有人按經文的次序來理解，也就是說：撒但被捆一千年，聖徒也第一次復活，跟耶穌一同作王一千年；

一千年之後，撒但被釋放，又去迷惑地上的萬民，最後被打敗，「被拋在硫磺的火湖裏……直到永永遠遠……」（二十10）且慢，人家常說的「被提」，又跑到那裏？——那其實是來自帖撒羅尼迦前書的記載：「我們現在照主的話告訴你們一件事：我們這活著還存留到主降臨的人，斷不能在那已經睡了的人之先。因為主必親自從天降臨，有呼叫的聲音和天使長的聲音，又有神的號吹響；那在基督裏死了的人必先復活。以後我們這活著還存留的人必和他們一同被提到雲裏，在空中與主相遇。這樣，我們就要和主永遠同在。」（帖前四15～17）

可惜的是，不論是啟示錄還是帖撒羅尼迦前書，經文還有很多未能盡然解釋之處，例如，帖撒羅尼迦前書提到信徒與主空中相遇，但之後是一同回到地上，還是升到天上？又例如，啟示錄提到信徒與主作王一千年，之後撒但會回來迷惑眾人，只是我們不禁問：那時撒但還可以迷惑誰？這些經文如果全然按字面去理解，便會生出諸如此類的問題，致使我們務必在細節上添加想像或猜測，才可以勉強拼湊出一幅「勉為其難」的路線圖。

如果回到經文，帖撒羅尼迦前書所說的「被提到」雲裏，其實是當時一個專門術語，指到一個城派出代表，到城外替顯要人士接風，再陪這些貴賓進城而已。這樣看來，流行的「被提」論說，又是否在神學上有疊牀架屋之嫌？至於啟示錄二十章，若全然按經文次序來解釋，其實也不無難處，因為不是所有人都認為啟示錄的記載是順時序的記錄。譬如七印、七號和七碗，就有學者理解為重複記述基督第一次來臨到第二次來臨之間的事情；也有人認為這些記述有部分是重疊的。如果要接受啟示錄二十章全然是順時序記錄的話，也得釐清這跟啟示錄其他經文的解讀方法，是否一致。

如果換一個角度，我們以經文的文學手法觀之，那又如何？就如讀者常問的其中一個問題，即末後的日子為甚麼要有兩次復活？邪惡的敗壞，為甚麼不可以是一次就被擊潰？如果我們只著眼於事件的次序，反而可能會令我們顧小失大，看不到經文的重點了。當我們比較啟示錄其他經文，就會發現，啟示錄每每在講及聖徒得救，以及邪惡敗壞時，都會引入一段插敍或時間，例如三年半，又例如受苦的聖徒要再忍耐片時等。如果以啟示錄的主題來看，也就是表達要忍耐等候，或者一切還待最終完全成就，故此啟示錄二十章的兩次復活，便可能是啟示錄這個主題的其中一個表達方式，也就是說，人總是期待一舉得勝，一成永成，盼望上帝的審判和懲罰立竿見影，但啟示錄卻叫我們明白，終末的結局，還需要耐性等待。

想知道結局，想立刻有答案，“I want it, I want it now!”這可能是人的需索，人的天性，人心底的慾望，而非神啟示的方式。人總是對末後和結局，充滿好奇，亦因此占卜算命流年運勢等事業永不衰落。但啟示錄和聖經提到末後，重點大概並非為我們提供獨得天機的末日路線圖，滿足我們的好奇心。對於末後日子，啟示錄有比路線圖更重要的信息，那就是邪惡必然敗落，羔羊必會得勝，信徒在苦難中需要堅守主道、忍耐到底、至死忠心……這些都是啟示錄一再重申的教導——而非末日何時臨到、如何臨到。邪惡當道，信徒是否擇善行義，站在羔羊的一方，至死不渝，才是我們應該時時扣問自己的。

— 反思 —

1. 我們關心人類及世界的命途嗎？我希望知道末世的路線圖嗎？為甚麼？「末世」與我們今天的生活又有何關係？
2. 在講求速度的時代，忍耐、等候這些德性對基督徒有多重要？我們又如何操練忍耐、等候這些德性呢？

—— 禱文 ——

主啊，有時對未來的不安和對末世的惶惑，會忽然臨至，求主憐憫施恩，叫我們學習抓緊祢的應許：祢同在、祢臨格、祢審判、祢拯救。

15

明日世界

關於新天新地，最重要的問題是「神與我們的關係如何？」

二十一章——《施約瑟淺文理譯本》

1我見有新天新地、蓋前之天地已逝、海亦不復有、2我約翰見（有原文抄本作我見）聖城新耶路撒冷、自天主由天而降、預備齊全、如新婦妝飾以待其夫、3我聞大聲自天出（自天出有原文抄本作自天之寶座出）曰、天主之幕在人間、天主將與人偕居、人將為天主之民、天主在人間、為其天主、4彼目流淚、天主盡拭之、不復有死亡、悲哀號泣疾痛、亦不復有、蓋前事已逝矣、5坐寶座者曰、我以萬物更新、又語我曰、此言真實可信、爾當筆之於書、6又語我曰、畢矣、我乃亞勒法、我乃阿梅迦、我乃始、我乃終、我將以生命泉之水、不費貲而賜於渴者、7得勝者將嗣萬物、我必為其天主、彼必為我之子、8但彼畏怯者、不信者、可憎者、兇殺者、淫亂者、有邪術者、拜偶像者、與一切言誑者、必受苦於硫磺火坑中、此乃第二次之死、○

9七天使執盛七末災之盂、其一就我曰、來、我將以新婦即羔之妻
示爾、10我感於神時、天使攜我至一大且高之山、示我大聖城耶路撒
冷、自天主由天而降、11城有天主榮耀、城之光輝、如至貴之寶石、如
澄澈之雅斯畢寶石、12有高大之墻垣、有門十二、有十二天使守之、門
上書以色列十二支派之名、13東有三門、北有三門、南有三門、西有三
門、14城墻有十二基、基上書羔之十二使徒之名、15語我者、執金杖欲
量邑與門與墻、16其城四方、長闊相等、天使以杖量邑、得一萬二千司
他丟、(約五千里)長闊及高相等、17又量其墻、得一百四十尺、以人之
肘、即天使之肘為度、18墻以雅斯畢寶石築之、邑以精金造之、似澄澈
之琉璃、19城垣之基、飾以各種寶石、一基乃雅斯畢寶石、二藍寶石、
三綠瑪瑙、四綠寶石、20五紅瑪瑙、六黃寶石、七黃璧璽、八水蒼玉、
九紅璧璽、十翡翠、十一紅寶石、十二紫晶、21十二門以十二珠作之、
每門一珠、邑衢乃精金、似澄澈之琉璃、

22邑中不見有殿、全能之主天主及羔為其殿、23邑中不需日月照之、有天主之榮光照之、有羔為其明燈、24列邦（有原文抄本作蒙救之列邦人）必行於其光、世上諸王以己尊榮歸於是邑、25邑中無夜、常為白晝、門永不閉、26人以列邦之尊榮亦歸是邑、27凡不潔者、行可憎之事者、與言（言原文作為）誑者、皆不得入此邑、惟錄於羔之生命冊者、始得入焉、

理想的世界是怎樣的？《桃花源記》的「黃髮垂髫並怡然自樂」小國寡民，算得上是人間天堂嗎？又抑或像約翰連儂（John Lennon）名曲《想像》（*Imagine*）所說：「想像沒有天堂……想像沒有宗教……人人活在此刻……人人居於和平……」？天堂之境，可以有甚麼想像？

約翰筆下的新天新地，沒有死亡、悲哀、哭號、疼痛（二十一4），

也沒有海（二十一1），沒有咒詛（二十二3），沒有黑夜（二十二5）。活得夠長，自體會到甚麼是不如意事常八九，可與語人無二三；不管在人生的哪個階段，不理是否豐衣足食，各人自有各人的難處：死亡、悲哀、哭號、疼痛，如影隨形，有苦自己知。若有一天，可以擺脫這種種地上的悲苦，該是多麼逍遙。

「彼目流淚、天主盡拭之」（二十4），我們流下的每一滴淚，神都會拭去。太多人在黑暗中、在孤單裏，默默流下無人看見的眼淚。新天新地，神會看見，祂會替我們拭淚，而揪心的刺痛亦終於停止：「不復有死亡、悲哀號泣疾痛、亦不復有、蓋前事已逝矣」（二十一4）。

新聖城耶路撒冷並不是「天降飛城」，它是源於以西結書的聖殿異象，是天上的真正聖殿。「碧玉」（「雅斯畢寶石」；二十一11），也不只是玉石，而是呼應啟示錄四章3節神的榮耀：「看那坐著的，好像碧玉和紅寶石……」，以及二十一章18節城牆的榮美：「牆是碧玉造的……」（見《新標點和合本》）。就是城的十二道門，都在呼應以西結書四十八章30至34節，那裏寫的是十二支派的名字，而這裏再加上根基上羔羊十二使徒的名字（二十一14）——神自古選召的十二支派，至終與新約十二使徒的教會連接，成就神拯救萬國的計劃。

討論新天新地時，人們總想知道：「那是甚麼？」新天新地是甚麼？是新的創造還是舊創造的更新版？聖城的門是甚麼？城牆根基上的十二支派和十二使徒名字代表甚麼？代表新約教會？還是包括所有以色列民？我們就好像劉姥姥進大觀園一樣，當看見瑰麗奧妙的各種事物，總想知道這些那些凡此種種都是甚麼。

細讀經文我們會發現，若按字面解讀，難免生出許多不明不白的怪問題，例如二十一章27節提到「凡不潔者、行可憎之事者、與言（言原文作為）誑者、皆不得入此邑、惟錄於羔之生命冊者、始得入焉」，那麼「邑」（城）外是甚麼地方？那些行惡事的人是否可以在城外居住？18節說「墻以雅斯畢寶石築之、邑以精金造之、似澄澈之琉璃」（「牆是碧玉造的；城是精金的，如同明淨的玻璃」；見《新標點和合本》），那到底城如金、如玉，還是如玻璃？這類一心追求「是甚麼」的問題，最終可能都不得要領。

啟示錄的象徵和比喻，不應該停留在「是甚麼」的層面。綜觀全章經文，有一個主題不住出現，就是神與人的連結。聖城降臨人間，神的帳幕也要在人間：「天主之幕在人間、天主將與人偕居、人將為天主之民、天主在人間、為其天主、彼目流淚、天主盡拭之……」（二十一3下～4）不論是帳幕、聖殿，還是聖殿的建築，都強調神與人同在的美好境界——人不用再孤獨流淚，有神為他們拭盡淚水；人也不用害怕黑暗，因為城要被神的光明充滿；人終於不再為自己求榮耀，因為他們「以列邦之尊榮亦歸是邑」（二十一26；見《新標點和合本》：「必將列國的榮耀、尊貴歸與那城」）。

關於新天新地，最重要的問題其實並不是「是甚麼？」，而是「神與我們的關係如何？」創造天地的主，從創世開始，與人建立了獨特的關係；從舊約到新約，神一直要與人建立合宜的關係。惟有人以神為神，承認自己是人，一切才可以重置到理想的狀況。因此，不管那是小國寡民，還是黃金街碧玉城；不論是流散四方，還是羅馬太平盛世，我們要注目的，總是神與人要怎樣重新結連，人要如何順服在神的管理之下——神又如何臨在於屬祂的人當中！「看哪，神的帳幕在人間。他要與人同住，他們要作他的子民。神要親自與他們同在，作他們的神」（二十一3；見《新標點和合本》）——「天主之幕在人間、天主將與人偕居、人將為天主之民、天主在人間、為其天主」。

反思

1. 對未來我有甚麼恐懼或盼望？我理想中的未來是怎樣的？在我對未來的憧憬或藍圖裏，有沒有神在其中？
2. 我今日與神的關係怎樣塑造未來我與祂的結連？今天我們要怎樣親近神、敬拜神，一步一步認識祂，與祂建立恆久的關係？

禱文

天父，當我思想未來的時候，求祢校正我的焦點，叫我不單擔心和關心將來的事，求祢叫我將思想重新聚焦在祢身上，叫我注目在如何認識祢、敬拜祢、與祢結連。主呀！即使物換星移，求祢叫我仍然可以渴望祢的同在，追求與祢連結，從今直到永遠。阿們。

16

河畔相聚

「主耶穌阿，
願你來！」

二十二章——《呂振中譯本》

1天使指給我看在城內街道當中有一道生命水之河，明亮如水晶從上
帝和羔羊的寶座間流出來。2在河這邊和那邊有生命樹、結著十二樣的
果子，每月各出果子。樹上的葉子可做醫治列國的用處；3一切咒詛必
不再有。必有上帝和羔羊的寶座在城中；他的僕人必事奉他，4必見他
的聖容；必有他的名字在他們的額上。5必不再有黑夜；他們也不需要
燈光或日光，因為主上帝必做他們的光。他們必掌王權、世世無窮。
6天使對我說：「這些話是可信可靠眞實的話；主、神言人們之
靈的上帝、差遣了他的使者、將必須快成的事指示他的僕人們。7你看
吧，我必快來。那執守這書上神言傳講之話的有福阿！」8我約翰就是聽
見又看見這些事的。我既聽見又看見了，就俯伏在把這些事指給我看的

天使腳前，要敬拜他。9他對我說：「千萬不可．我和你同你的弟兄、那些
神言人和那些執守這書上話語的人、都是同做僕人的；你只要敬拜上帝。」
10他對我說：「不可蓋印封這書上神言傳講的話；因為時機近了。
11不義的讓他仍舊不義；垢污的讓他仍舊蒙垢污；義的讓他仍舊行義；
聖潔的讓他仍舊聖潔。」
12「你看吧，我必快來；我的賞報在我這兒；我必照各人所行的
報應各人。13我是阿拉法，是俄梅戛：是首先，是末後；是起初，是
末終。」
14那些洗自己袍子、好得權柄享受生命樹、好得由門進城的人、有
福阿！15外面呢、卻有那些犬類、那些行邪術的、做男倡或嫖妓的、做
兇手的、拜偶像的、和一切喜愛虛謊、行虛謊的人。16「我耶穌差了我的
使者為了衆教會向你們明證這些事。我是大衛的根、大衛的族裔、是明
亮的啟明星。」

17聖靈和新婦說、「來」。聽見的人也該說、「來」。口渴的可以來；願意的可以白取生命之水。

18我警告一切聽這書上神言傳講之話的人：「若有人在這些話上加添甚麼，上帝必將所記在這書上的災殃加在他身上。19若有人從這神言傳講之書的話上除掉甚麼，上帝必從所記在這書上的生命樹和聖城、除掉他的分兒。」

20明證這些事的說、「是的；我必快來。」誠心所願！主耶穌阿，願你來！

21願主耶穌的恩和你們眾人同在。

浸信會牧師勞瑞（Robert Lowry）在紐約布魯克林區（Brooklyn）擔任牧職，一八六四年，當地爆發了一場大瘟疫，數以百計的人染疫離世，失去至親的倖存者傷痛不已。勞瑞默想啟示錄二十二章的描述，寫下《河畔相聚》（*Shall We Gather at the River?*）這首詩歌：「那是光明天使踏過之處／永恆如水晶之潮汐／自神寶座流淌而出／是的，我們會在河畔相聚／那美麗又美麗的河流／與眾聖徒一同聚集／自神寶座流淌而出。」

在瘟疫中、亂流裏，人人度日如年的時候，大家都不禁想，如果有一天，萬世冀望的美好全都實現，那將會是怎樣美好的一天？啟示錄作為正典壓卷之作，這最後的描述，可不只是約翰的想像，也是歷世歷代眾先知的預示之實現。

二十二章1節「天使指給我看在城內街道當中有一道生命水之河，明亮如水晶從上帝和羔羊的寶座間流出來」，按原文的次序，經文先提到的是生命水之河。如果我們將「在城內街道當中」按原文次序放回第2節，那經文便會變成「天使指給我看一道生命水之河，明亮如水晶，從上帝和羔羊的寶座間流出來，經過城內街道的中央……」

「生命水的河」呼應創世記二章10節：「有河從伊甸流出來，滋潤那園子。」以西結書四十七章1至5節也提到天上的聖殿有水流出，匯聚成河：「他帶我回到殿門，見殿的門檻下有水往東流出（原來殿面朝東）。這水從檻下，由殿的右邊，在祭壇的南邊往下流……又量了一千肘，水便成了河，使我不能蹚過……」撒迦利亞書十四章8節也描述末後的日子有河：「那日，必有活水從耶路撒冷出來，一半往東海流，一半往西海流；冬夏都是如此。」次經《便西拉智訓》（*Ecclesiasticus*）二十四章25至27節提及律法與智慧時，也用了河流作比喻：「這律法如同比遜河，充滿智慧，又如底格里斯河在初收果子的日子；如同幼發拉底河，使知識流出來又如約旦河在收成的日子；如同光輝照亮，發出教誨，又如基訓河在葡萄成熟的日子。」到了30至31節，智慧本身也自比為河流：「至於我，不過像大河的支流，如引到園裏的水溝。我說：『我要澆灌我的園子，我要浸泡我的菜畦。』看哪，我的支流已成為河，我的河已成為海。」

啟示錄最後一章的河流，與歷代這些描述河流的經文交織。律法和先知描述河流的泉源，或從伊甸，或從聖殿流出；河流象徵智慧，是生命，也是教誨；河流可以潤澤田園，也可以澆灌大地。這豐盛圓滿的象徵，與勞瑞牧師當年所見疫下悲痛的眾生，形成了強烈對比。生命水之河成了終末盼望的重要象徵。

除了河流，這段經文亦提及神的寶座（二十二1、3）和生命樹（二十2，另14、19節），而我們不難發現，三者同樣出現在伊甸園的經文。以西結書四十七章12節也提到河邊的樹木：「在河這邊與那邊的岸上必生長各類的樹木；其果可作食物，葉子不枯乾，果子不斷絕。每月必結新果子，因為這水是從聖所流出來的。樹上的果子必作食物，葉子乃為治病。」

啟示錄不是由真空而來的嶄新啟示，要我們殫心竭慮地去做密碼解讀的工夫；它是成就歷代先知預示的美麗終局。那日子，有神的寶座與人同在，有象徵生命的河流湧溢，而河水滋養的樹木則守護眾人。「葉子可做醫治列國的用處」（二十二2），不是指終末時還有病痛，而是強調人在其中得到保護，不會再受疾病威脅，正如啟示錄說神要抹去人一切的眼淚，並不是說人在新天新地還會流淚，而是指所有的悲傷都得到安慰。

至此，創造終於回復昔日的美麗，伊甸園裏神的寶座、河流和生命樹不再被斷絕，蒙救贖的人最終可以回到神創造的美意之中。

經文一再重複，「我必快來」（二十二7、12、20）；聖靈和新婦要來（二十二17），「明證這些事的說、『是的；我必快來。』誠心所願！主耶穌阿，願你來！」（二十二20）。「主耶穌阿，願你來」這短句（Come, Lord Jesus）原文首兩個字，可看成是亞蘭文 *maranatha* 的意譯，而 *maranatha* 在哥林多前書十六章22節出現過，也在《十二使徒遺訓》（*The Didache*）十章6節出現，這可能是早期信徒守聖餐或做其他禮儀時的回應，以反映他們渴望救主來臨的心意。今天，這也是我們的祈盼麼？

主啊，「切願爾至」。（參《施約瑟譯本》）

反思

1. 啟示錄二十二章的眾多象徵之中，有哪一個最觸動你？為甚麼？
2. 你渴望主再來嗎？為甚麼？若然，你又在甚麼時候最渴望主再來？

禱文

主啊，切願爾至。就在我們等候之時，願祢的恩惠與眾人同在。

選藍色？選紅色？……

你明白藥丸也可能是假的，

但選擇是真的，這才最嚇人……